読んで書く 歎《たん》異《に》抄《しょう》 後編

一日一文練習帖

齋藤 孝

自由国民社

はじめに

今から約７００年ほど前の宗教書である『歎異抄』が、現代の人々に読み続けられ、今も人気があるのはなぜでしょうか。

作者の親鸞が生きた時代は、戦乱の世の中で、病気や飢餓、大地震などの厄災が多い時代でした。

そのような時代の中で生きる人々は、少しでも安心して生きる道を求めていました。そうした中で説かれた親鸞の教えは、「念仏さえ唱えていれば、誰でも極楽浄土で往生して悟りをひらくことができる」という「他力」によるものでした。

ここ数年、世間では「自分軸で生きよう」という生き方の提案が多くなりました。自分軸とは、「自分はこうありたいという考えのもと行動すること」です。

その考え方自体は素晴らしいことですが、世の中には自分の力や思いだけではどうにもならないこともあります。

「他力」とは、これまで「人まかせ」「運まかせ」といった、やや無責任なことだと思われがちでしたが、これは自分の力ではどうにもならない、力の足りない自分から離れて、もっと大きなものにまかせている、という心の在り方です。

ある意味、客観的な見方によって、自分ではない別の大きな力にまかせるようにすると、心の重荷がとれる思いがします。

『歎異抄』で伝えている他力の教えは、決して投げやりで他人まかせではなく、自分の力ではどうにもならない状況で、しなやかに生きる心のあり方を説いています。

現代の人たちを惹きつける『歎異抄』を読む意味は、まさにそこにあると思うのです。

本書は『歎異抄』後半の原文の全文と、その訳、そして『歎異抄』の内容をより理解して生かすためのアドバイスをつけています。

さらには、実際に自分で、声に出して読むこと（音読）、書き写すこと（なぞり書き）などで、言葉が身と心に沁み込んでいきます。ぜひ『歎異抄』の教えが、みなさんの生活に役立つことを願っています。

表記については本願寺出版社文庫版『歎異抄』を主として参考にさせて頂きました。ありがとうございました。

2024年4月

齋藤　孝

読んで書く 歎異抄 一日一文練習帖［後編］目次

（参考）読んで書く 歎異抄 一日一文練習帖［前編］目次

第五条　**父母の供養のために念仏せず**
（親鸞は父母の孝養のためとて）

第六条　**他力に任せることで、おのずから仏恩（仏の恩）を知る**
（専修念仏のともがらの）

第七条　**念仏する者は、何にも妨げられない**
（念仏者は無礙の一道なり）

第八条　**念仏は修行でも善行でもない**
（念仏は行者のために）

第九条　**煩悩ゆえに往生は間違いない**
（念仏申し候へども）

第十条　**念仏は自力を超えた不思議なもの**
（念仏には無義をもって義とす）

第十一条　**自分のために念仏する人も浄土で往生できる**
（一文不通のともがら）

第十二条　**念仏を唱えるのに学問は必要ない**
（経釈をよみ学せざるともがら）

この本の使い方

『歎異抄』で、「音読」＆「なぞり書き」をしましょう

いま、最も注目される古典『歎異抄』。多くの人に読まれ続けて、人気が絶えることはありません。『歎異抄』は親鸞の語った言葉を、のちに弟子の唯円が書きとめたものです。

その教えは、念仏を唱えさえすれば、誰でもが極楽浄土に住生してさとりを開くことを約束されるというものです。国際的な政情不安、進む温暖化や格差に加えて、少子高齢化などさまざまな問題が起きている状況では、とくにメンタル面が重要となってきます。個人的にも、底知れない不安や絶望を感じる時もあるでしょう。その苦しみを煩悩の身のままで、乗り越えていく手掛かりが、『歎異抄』にあるともいわれています。

世の中には、自分の力だけではどうにもできないことがあります。自分を離れた客観的な見方や自分ではない別の力にまかせることで、心の重荷がとれ、生きる気力をわかせてくれます。『歎異抄』には、そんな教えを説いた素晴らしい言葉がたくさん盛り込まれています。

それらを「音読」（声に出して読む）、「なぞり書き」（書き写す）することで、心に深く刻まれていきます。生きていく上で、一つの大きな拠りどころになるのではないでしょうか。

声に出し、言葉のリズムを身体で覚える

「声に出して＝読む」ことで、『歎異抄』の「一文」、「一文」を自分のものとして、しっかりと心に刻み込むことができます。声に出すことで、口を動かし、息を出し、音を耳で聞くことになります。身体を使うことで、その言葉がしっかり身につくのです。

脳を刺激して認知機能の低下予防に役立つ効果も期待できます。声に出して何回か読む、言葉の持つリズムを身体で覚えることで、より脳を活性化させ、思考が明快になります。

身体に言葉を刻むには、まず、声に出して読むことです。

※音読しやすいよう、たとえば「まつたく」は、「まったく」のように現代表記としています。

声に出して〈読む〉
言葉のリズムを身体で覚える

音読

声に出して読みましょう!

一　弥陀《みだ》の本願《ほんがん》不思議《ふしぎ》におは《わ》しませばとて、悪《あく》をおそれざるは、また本願《ほんがん》ぼこりとて、往生《おうじょう》かなふ《う》べからずといふ《う》こと。この条《じょう》、本願《ほんがん》を疑《うたが》ふ《う》、善悪《ぜんあく》の宿業《しゅくごう》をこころえざるなり。

阿弥陀仏の本願には、どのような悪人をも救ってくださる不思議な働きがあ

※【本願ぼこり】本願誇りの意。ど
悪い人でも救いとっ
捨てないという阿弥
の本願の働きに甘
つけあがること。

※【善悪の宿業】

丁寧に心を込めて書き写す

「なぞる＝書き写す」ことでも、『歎異抄』の「一文」、「一文」が心と身体にしっかり刻まれます。書き写すことに、難しい作法などありません。ラクな姿勢で座り、筆記具も書きやすいものを使ってください。筆ペンでもボールペンでも構いません。

まず3行のまん中のうすい文字をなぞって書き、次に右の行を書きます。

大切なのは、「一文字」、「一文字」、「一文」、「一文」を、丁寧に心を込めて書き写すことです。集中して無心で書き写すことで、雑念や不安が消え、心が静かになり、自然に「希望」や「やる気」が湧いてきます。上手に書こうとか、早く書き終えようなどとは考えないことです。

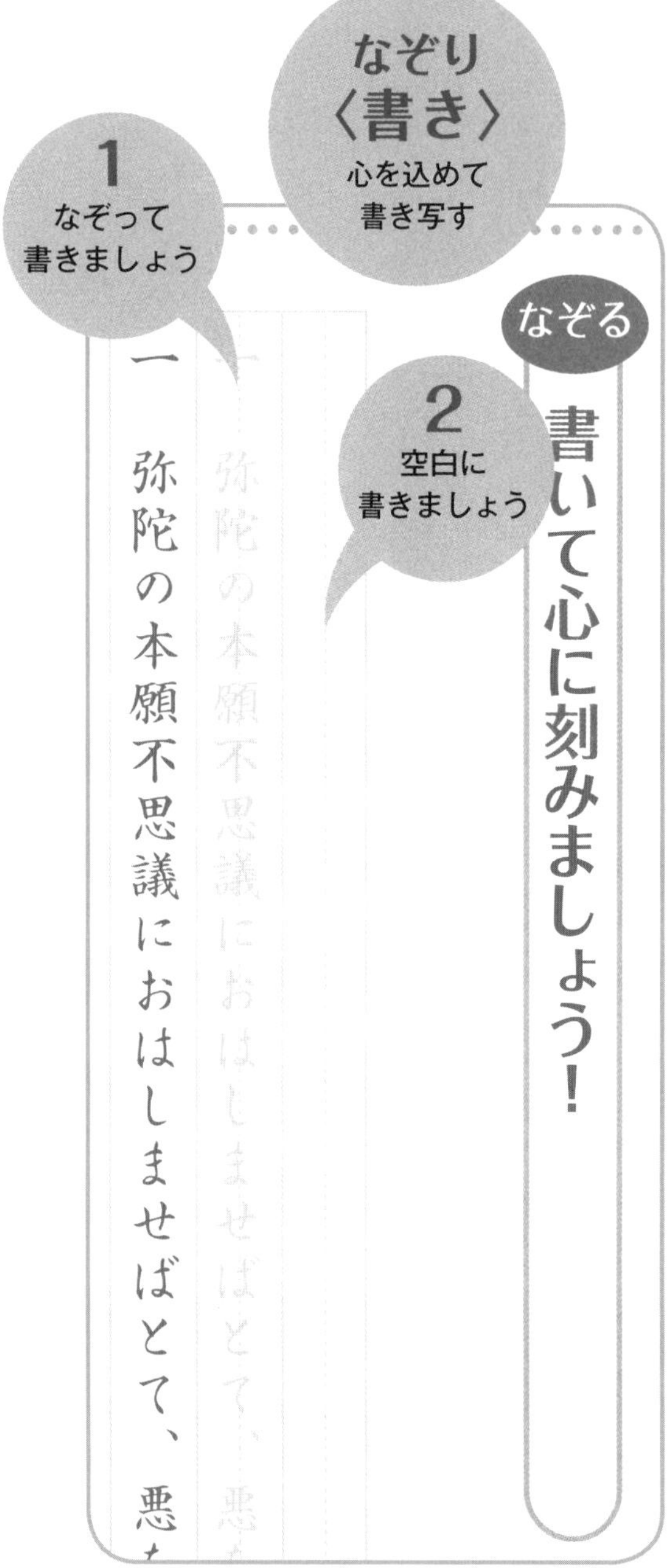

なぞり〈書き〉
心を込めて書き写す
1
なぞって書きましょう
2
空白に書きましょう
なぞる
書いて心に刻みましょう！
一 弥陀の本願不思議におはしませばとて、悪

マイ「一文」をつくる

本を読んでいたり、テレビを観ていたりしていて、感動したり、心打たれる言葉に出会うことはありませんか。「これだ」という言葉を見つけたら、手帳やノートに書き写すのがいいでしょう。そうして、「声に出して＝読む」、「なぞる＝書き写す」ことを行うことで、言葉を自分の心にしっかり刻み込むことができます。自分なりのマイ「一文」をつくりましょう。

歎異抄　後編

第十三条

善悪にとらわれず、本願にすべてを任す

（弥陀の本願不思議に）

人を千人殺すも、殺さないも、過去の縁によるもの

音読 声に出して読みましょう!

一 弥陀《みだ》の本願《ほんがん》不思議《ふしぎ》におはしませばとて、悪《あく》をおそれざるは、また本願《ほんがん》ぼこりとて、往生《おうじょう》かなふ《う》べからずといふ《う》こと。この条《じょう》、本願《ほんがん》を疑《うたが》ふ《う》、善悪《ぜんあく》の宿業《しゅくごう》をこころえざるなり。

訳

阿弥陀仏の本願には、どのような悪人をも救ってくださる不思議な働きがあるからと言って、悪いことを犯すのを恐れないのは、「本願ぼこり」と言って、そのようなことをする人は、浄土に往生することは叶わないと言うことについて。このことは、弥陀の本願を疑うことであり、この世における善も悪もすべて過去の世における行いの結果であるということを心得ていないからです。

よきこころのおこるも、宿善《しゅくぜん》のもよほ《お》すゆゑ《え》なり。

訳

たまたま善い心が起こるのも、過去の世での善い行いがそうさせるのです。

※【本願ぼこり】 本願誇りの意。どんな悪い人でも救いとって見捨てないという阿弥陀仏の本願の働きに甘えて、つけあがること。

※【善悪の宿業】 過去の世で積み重ねた行為の結果が、善いこと、悪いこととなって現れること。

※【宿善】 過去の世の善い行い。

悪事《あくじ》のおもは《わ》れせらるるも、悪業《あくごう》のはからふ《う》ゆゑ《え》なり。

訳

また、悪い心が起こるのも、過去の世での悪い行いによるのです。

故聖人《こしょうにん》の仰《おお》せには、「卯毛《うもう》・羊毛《ようもう》のさきにゐ《い》るちりばかりもつくる罪《つみ》の、宿業《しゅくごう》にあらずといふ《う》ことなしとしるべし」と候《そうら》ひ《い》き。

訳

いまは亡き親鸞聖人は、「ウサギの毛や羊の毛の先についた塵ほどの些細な罪であっても、過去の世の行いによらないものはないです」と仰せになりました。

またあるとき、「唯円房《ゆいえんぼう》はわがいふ《う》ことをば信《しん》ずるか」と、仰《おお》せの候《そうら》ひ《い》しあひ《い》だ、「さん候《ぞうろ》ふ《う》」と、申《もう》し候《そうら》ひ《い》しかば、「さらば、いは《わ》んことたがふ《う》まじきか」と、かさねて仰《おお》せの候《そうら》ひ《い》しあひ《い》だ、つつしんで領状申《りょうじょうもう》して候《そうら》ひ《い》しかば、「たとへ《え》ばひと千《せん》

※【領状】承諾すること。

人《にん》ころしてんや、しからば往生《おうじょう》は一定《いちじょう》すべし」と、仰《おお》せ候《そうら》ひ《い》しとき、「仰《おお》せにては候《そうら》へ《え》ども、一人《いちにん》もこの身《み》の器量《きりょう》にては、ころしつべしともおぼえず候《そうろ》ふ《う》」と、申《もう》して候《そうら》ひ《い》しかば、「さてはいかに親鸞《しんらん》がいふ《う》ことをたがふ《う》まじきとはいふ《う》ぞ」と。

訳

またあるとき、聖人が、「唯円房、おまえは私の言うことを信じるか？」と仰せになりました。そこで、「もちろん、信じます」と申し上げると、「それでは、これから私が言うことに背かないか」と重ねて仰せになったので、慎んで承知いたしましたところ、聖人は、「それでは人を千人殺しなさい。そうすれば、浄土に往生することは間違いない」と仰せになりました。そのとき、「聖人の仰せではありますが、私のようなものには、一人でさえ殺すことなどできるとは思いません」と申しますと、「それではどうして、この親鸞の言うことに背かないなどと言ったのか」と仰せになりました。

「これにてしるべし。なにごともこころにまかせたることならば、往生《おうじょう》のために千人《せんにん》ころせといは《わ》んに、すなは《わ》ちころすべし。しかれども、一人《いちにん》にてもかなひ《い》ぬべき業縁《ごうえん》なきによりて、害《がい》せざるなり。わがこころのよくてころさぬにはあらず。また害《がい》せじとおもふ《う》とも、百人《ひゃくにん》・千人《せんにん》をころすこともあるべし」と、仰《おお》せの候《そうら》ひ《い》しかば、われらがこころのよきをばよしとおもひ《い》、悪《あ》しきことをば悪《あ》しとおもひ《い》て、願《がん》の不思議《ふしぎ》にてたすけたまふ《う》といふ《う》ことをしらざることを、仰《おお》せの候《そうら》ひ《い》しなり。

※【業縁】現在の善悪苦楽の原因となる過去の行い。

訳

続けて聖人は、「これでわかるでしょう。どのようなことでも、自分の思い通りにできるのであれば、浄土に往生するために千人を殺せと言ったときに、すぐに殺すことができたはずです」。しかし一人も殺すことができないのは、殺すべき縁がないからです。「自分の心が善いから殺さないわけではないのです」。「また、人を殺すつもりがなくても、縁があれば百人でも千人でも殺すこともあるでしょう」と仰せになりました。このことは私たちが、自分の心が善いのは浄土往生にとって善いことであり、自分の心が悪いのは往生にとって悪いと思い込んでしまって、じつは本願の不思議な働きによって救っていただくということを知らないでいることを、親鸞聖人は仰せになりたかったのです。

そのかみ邪見《じゃけん》におちたるひとあって、悪《あく》をつくりたるものをたすけんといふ《う》願《がん》にてましませばとて、わざとこのみて悪《あく》をつくりて、往生《おうじょう》の業《ごう》とすべきよしをいひ《い》て、や《よ》うや《よ》うにあしざまなることのきこえ候《そうら》ひ《い》しとき、御消息《ごしょうそく》に、「薬《くすり》あればとて、毒《どく》をこのむべからず」と、あそばされて候《そうろ》ふ《う》は、かの邪執《じゃしゅう》をやめんがためなり。

訳

かつて親鸞聖人がご存世のころ、誤った考えに囚われている念仏者がいて、悪いことを犯したものを救ってくださるのが阿弥陀仏の本願であると言って、わざわざ好んで悪事を働いて、それを往生のための手立てとしなければならないなどと言い、しだいに良くない噂が聞こえてきました。そのときに親鸞聖人がお手紙に、「いかによく効く解毒薬があるからといって、好んで毒を飲むような真似をしてはならない」とお書きになっているのは、そのような誤った考えに囚われているのをやめさせるためでした。

まったく、悪《あく》は往生《おうじょう》のさは《わ》りたるべしとにはあらず。

訳

悪を犯すことが往生の妨げになると言うのではありません。

持戒持律《じかいじりつ》にてのみ本願《ほんがん》を信《しん》ずべくは、われらいかでか生死《しょうじ》をはなるべきやと。

※【持戒持律】浄土往生のために戒律を守ること。

訳

「戒律を守り、悪をやめて善を行う人だけが本願を信じて救われるのであれば、戒律を守れない私たちは、どうして迷いの世界を離れることができましょうか」と聖人は仰せになっています。

かかるあさましき身《み》も、本願《ほんがん》にあひ《い》たてまつりてこそ、げにほこられ候《そうら》へ《え》。

訳

このようなあさましい者であっても、阿弥陀仏の本願に出会わせていただいてこそ、その本願を誇り、甘えることができるのです。

さればとて、身《み》にそなへ《え》ざらん悪業《あくごう》は、よもつくられ候《そうら》は《わ》じものを。

訳

だからといって、自分に縁のない悪い行いをする必要はありません。

また、「海《うみ》・河《かわ》に網《あみ》をひき、釣《つり》をして、世《よ》をわたるものも、野山《のやま》にししをかり、鳥《とり》をとりて、いのちをつぐともがらも、商《あきな》ひをし、田畠《でんぱく》をつくりて過《す》ぐるひとも、ただおなじことなり」と。

訳

また聖人は、「海や川で網を引き、釣りをして魚をとって暮らしを立てている人も、野や山に獣を追い、鳥を殺して生活をする人も、商いをしたり、田畑を耕して毎日を送る人も、すべての人はみな同じことです」と。

「さるべき業縁《ごうえん》のもよほさば、いかなるふるまひ《い》もすべし」とこそ、聖人《しょうにん》は仰《おお》せ候《そうら》ひ《い》しに、当時《とうじ》は後世者《ごせしゃ》ぶりして、よからんものばかり念仏申《ねんぶつもう》すべきやう《よ》に、あるいは道場《どうじょう》にはりぶみをして、なんなんのことしたらんものをば、道場《どうじょう》へ入《い》るべからずなんどといふ《う》こと、ひとへに賢善精進《けんぜんしょうじん》の相《そう》を外《ほか》にしめして、内《うち》には虚仮《こけ》をいだけるものか。

※【後世者ぶり】 来世を願う念仏者のように装うこと。
※【道場】 念仏者が集まる場所。
※【賢善精進】 賢く善いことを行い、ひたすら仏道に励むこと。
※【虚仮】 嘘、偽り。

訳

「誰でもふと、そうしなければならない縁がもよおしたならば、どんな行いでもするものなのです」と仰せになりました。しかし、この頃は、いかにも殊勝に、来世の浄土を願うようなふりをして善人だけが念仏する資格があるかのように思い、あるときは念仏の道場に張り紙をして、このようなことをした者は道場へ入れてはならない、などと言う人がいますが、それこそ、外見はただ賢く善い行いに励むかのような姿を示して、その実は、心の中で嘘いつわりの思いを抱いているのではないでしょうか。

願《がん》にほこりてつくらん罪《つみ》も、宿業《しゅくごう》のもよほ《お》すゆゑ《え》なり。

訳

阿弥陀仏の本願に甘えてつけあがってつくる罪も、すべて過去の世の行いが縁となって働くことによるのです。

されば善《よ》きことも悪《あ》しきことも業報《ごうほう》にさしまかせて、ひとへ《え》に本願《ほんがん》をたのみまゐ《い》らすればこそ、他力《たりき》にては候《そうら》へ《え》。

訳

ですから善い行いも、悪い行いも、すべては過去の縁によるものと考えて、それに囚われることなく、ひたすら本願の働きにお頼みすることこそ、他力ということです。

『唯信抄《ゆいしんしょう》』にも、「弥陀《みだ》いかばかりのちからましますとしりてか、罪業《ざいごう》の身《み》なればすくは《わ》れがたしとおもふ《う》べき」と候《そうろう》ふぞかし。

訳

『唯信抄』にも、「あなたは、阿弥陀仏がどのようなお力をもっておわれるかを知った上で、自分のような罪深いものは、とても救ってはくださらないなどと思っているのですか」とあります。

本願《ほんがん》にほこるこころのあらんにつけてこそ、他《た》力《りき》をたのむ信心《しんじん》も決定《けつじょう》しぬべきことにて候へ《そうらえ》。

訳

本願にほこり甘える心が起これば、阿弥陀仏に身をゆだねる他力の信心も定まると言うものです。

おほ《お》よそ悪業煩悩《あくごうぼんのう》を断《だん》じ尽《つく》してのち、本願《ほんがん》を信《しん》ぜんのみぞ、願《がん》にほこるおもひ《い》もなくてよかるべきに、煩悩《ぼんのう》を断《だん》じなば、すなは《わ》ち仏《ぶつ》に成《な》り、仏《ぶつ》のためには、五劫思惟《ごこうしゆい》の願《がん》、その詮《せん》なくやましまさん。

訳

もしも悪業や煩悩をすっかりなくした後に本願を信じると言うのであれば、本願をほこり甘える思いなどなくて良いはずです。しかし、煩悩をなくすことは、悟りを開き仏になることです。そのようにして仏になった者には、五劫という長い間、考え抜いて立てられた阿弥陀仏の他力本願は、もはや必要がなく、意味のないものになります。

本願《ほんがん》ぼこりといましめらるるひとびとも、煩《ぼん》悩《のう》・不《ふ》浄《じょう》具《ぐ》足《そく》せられてこそ候《そうろ》うげなれ。それは願《がん》にほこらるるにあらずや。いかなる悪《あく》を本願《ほんがん》ぼこりといふ《う》、いかなる悪《あく》かほこらぬにて候《そうろ》ふ《う》べきぞや。かへ《え》りて、こころを《お》さなきことか。

訳

本願にほこって悪いことをしてはいけないと戒める人たちもまた、煩悩を備えた不浄の身で悪いことをしていると思われます。そのようなことこそ、すでにその人自身が本願にほこり甘えておられるのだということにならないでしょうか。そうだとすると、どのような悪を本願ぼこりと言い、どのような悪を本願ぼこりではないと言うのでしょうか。本願ぼこりは良くないと批判するのは、かえって幼稚な考えであると言えましょう。

※【煩悩不浄】心の穢れと、身の穢れのこと。

ワンポイントアドバイス

悪人こそ救われると勘違いして悪事を重ねるのは間違いである

第十三条ではまず「本願ぼこり」の意味である、悪いことをした人でも見捨てない、という阿弥陀仏の本願に甘えて悪事を行うことについて、語っています。世の中には、第三条に書かれている「悪人正機」の、悪人こそ救われる、という教えを逆手にとって、わざわざ罪を犯す者が出てくるようになりました。

これに対して親鸞は、よく効く解毒剤があるからと言って、わざと毒を飲むものではない、と説いています。言い換えれば、悪を犯しても救われるのだから、どんなに悪いことをしてもかまわない、という考えは間違いだと諭しています。

もちろん、悪いことをしたから往生できないのではありません。この世での善い行い、悪い行いは、過去の世で積み重ねた行いの結果なのです。すべては前世からの縁であるので、ただひたすら阿弥陀仏の本願の働きに身を任せればいい、と「他力の道」を説いているのです。

善い行いをすれば往生できるとか、わざと悪いことをするとか、往生を自力でコントロールしようとすることこそ、本来の往生への道から逸れています。親鸞はそのことを示すために、第十三条で「本願ぼこり」についての考えを説いたのです。

善い行いも、悪い行いも、過去の世で積み重ねてきた結果によるものだ

第十三条には、大変興味深いやり取りがあります。

親鸞聖人が唯円に、「私の言うことを信じて背かないのなら、今から千人、人を殺してきなさい。それができたら往生は間違いないだろ」と言うと、唯円は驚いて「それはできません」と答える。すると親鸞は「ではなぜ、私に背かない、と言ったのか」と逆に唯円に問う、というくだりがあります。

親鸞は、人を殺すべき縁がないから殺せないだけであって、縁さえあれば、百人でも千人でも殺してしまうこともある、と説いています。世のなかのことは、善悪においても自分の思い通りでできるものではない。「本願ぼこり」になってしまうのも、過去での行いが縁となって働きかけた結果であるのです。

そもそも阿弥陀仏の本願によってお救いいただくのは、善いことをしたから救われる、悪いことをしたら往生できない、と勝手に考えるのは間違いなのだと、親鸞は説いているのです。

どんなに善人でも、ひどい事件に巻き込まれて恨みをもってしまった相手に殺意を抱くことがあるかもしれない。それは過去からの縁によるもので、そこに善悪という基準で救われる価値があるかどうかは判断できないのです。

なぞる

書いて心に刻みましょう！

一　弥陀の本願不思議におはしませばとて、悪を
一　弥陀の本願不思議におはしませばとて、悪を

おそれざるは、また本願ぼこりとて、往生かなふ
おそれざるは、また本願ぼこりとて、往生かなふ

べからずといふこと。この条、本願を疑ふ、善悪
べからずといふこと。この条、本願を疑ふ、善悪

の宿業をこころえざるなり。
の宿業をこころえざるなり。

よきこころのおこるも、宿善のもよほすゆゑな
よきこころのおこるも、宿善のもよほすゆゑな

り。悪事のおもはれせらるるも、悪業のはからふ
り。悪事のおもはれせらるるも、悪業のはからふ

ゆゑなり。故聖人の仰せには、「卯毛・羊毛のさき
ゆゑなり。故聖人の仰せには、「卯毛・羊毛のさき

にゐるちりばかりもつくる罪の、宿業にあらずと
にゐるちりばかりもつくる罪の、宿業にあらずと

いふことなしとしるべし」と候ひき。
いふことなしとしるべし」と候ひき。

またあるとき、「唯円房はわがいふことをば信ず
またあるとき、「唯円房はわがいふことをば信ず

るか」と、仰せの候ひしあひだ、「さん候ふ」と、
るか」と、仰せの候ひしあひだ、「さん候ふ」と、

申し候ひしかば、「さらば、いはんことたがふまじ

申し候ひしかば、「さらば、いはんことたがふまじ

きか」と、かさねて仰せの候ひしあひだ、つつし

きか」と、かさねて仰せの候ひしあひだ、つつし

んで領状申して候ひしかば、「たとえばひと千人こ

んで領状申して候ひしかば、「たとえばひと千人こ

ろしてんや、しからば往生は一定すべし」と、仰

ろしてんや、しからば往生は一定すべし」と、仰

せ候ひしとき、「仰せにては候へども、一人もこの
せ候ひしとき、「仰せにては候へども、一人もこの

身の器量にては、ころしつべしともおぼえず候ふ」
身の器量にては、ころしつべしともおぼえず候ふ」

と、申して候ひしかば、「さてはいかに親鸞がいふ
と、申して候ひしかば、「さてはいかに親鸞がいふ

ことをたがふまじきとはいふぞ」と。「これにてし
ことをたがふまじきとはいふぞ」と。「これにてし

るべし。なにごともこころにまかせたることなら
るべし。なにごともこころにまかせたることなら

ば、往生のために千人ころせといはんに、すなは
ば、往生のために千人ころせといはんに、すなは

ちころすべし。しかれども、一人にてもかなひぬ
ちころすべし。しかれども、一人にてもかなひぬ

べき業縁なきによりて、害せざるなり。わがここ
べき業縁なきによりて、害せざるなり。わがここ

ろのよくてころさぬにはあらず。また害せじとお

ろのよくてころさぬにはあらず。また害せじとお

もふとも、百人・千人をころすこともあるべし」と、

もふとも、百人・千人をころすこともあるべし」と、

仰せの候ひしかば、われらがこころのよきをばよ

仰せの候ひしかば、われらがこころのよきをばよ

しとおもひ、悪しきことをば悪しとおもひて、願

しとおもひ、悪しきことをば悪しとおもひて、願

の不思議にてたすけたまふといふことをしらざる
の不思議にてたすけたまふといふことをしらざる

ことを、仰せの候ひしなり。そのかみ邪見におち
ことを、仰せの候ひしなり。そのかみ邪見におち

たるひとあつて、悪をつくりたるものをたすけん
たるひとあつて、悪をつくりたるものをたすけん

といふ願にてましませばとて、わざとこのみて悪
といふ願にてましませばとて、わざとこのみて悪

をつくりて、往生の業とすべきよしをいひて、や
をつくりて、往生の業とすべきよしをいひて、や
うやうにあしざまなることのきこえ候ひしとき、
うやうにあしざまなることのきこえ候ひしとき、
御消息に、「薬あればとて、毒をこのむべからず」
御消息に、「薬あればとて、毒をこのむべからず」
と、あそばされて候ふは、かの邪執をやめんがた
と、あそばされて候ふは、かの邪執をやめんがた

めなり。まつたく、悪は往生のさはりたるべしと

めなり。まつたく、悪は往生のさはりたるべしと

にはあらず。持戒持律にてのみ本願を信ずべくは、

にはあらず。持戒持律にてのみ本願を信ずべくは、

われらいかでか生死をはなるべきやと。かかるあ

われらいかでか生死をはなるべきやと。かかるあ

さましき身も、本願にあひたてまつりてこそ、げ

さましき身も、本願にあひたてまつりてこそ、げ

にほこられ候へ。さればとて、身にそなへざらん
にほこられ候へ。さればとて、身にそなへざらん

悪業は、よもつくられ候はじものを。また、「海・
悪業は、よもつくられ候はじものを。また、「海・

河に網をひき、釣をして、世をわたるものも、野
河に網をひき、釣をして、世をわたるものも、野

山にししをかり、鳥をとりて、いのちをつぐとも
山にししをかり、鳥をとりて、いのちをつぐとも

がらも、商ひをし、田畠をつくりて過ぐるひとも、
がらも、商ひをし、田畠をつくりて過ぐるひとも、

ただおなじことなり」と。「さるべき業縁のもよほ
ただおなじことなり」と。「さるべき業縁のもよほ

さば、いかなるふるまひもすべし」とこそ、聖人
さば、いかなるふるまひもすべし」とこそ、聖人

は仰せ候ひしに、当時は後世者ぶりして、よから
は仰せ候ひしに、当時は後世者ぶりして、よから

んものばかり念仏申すべきやうに、あるいは道場
んものばかり念仏申すべきやうに、あるいは道場

にはりぶみをして、なんなんのことしたらんもの
にはりぶみをして、なんなんのことしたらんもの

をば、道場へ入るべからずなんどといふこと、ひ
をば、道場へ入るべからずなんどといふこと、ひ

とへに賢善精進の相を外にしめして、内には虚仮
とへに賢善精進の相を外にしめして、内には虚仮

をいだけるものか。願にほこりてつくらん罪も、
をいだけるものか。願にほこりてつくらん罪も、
宿業のもよほすゆゑなり。されば善きことも悪し
宿業のもよほすゆゑなり。されば善きことも悪し
きことも業報にさしまかせて、ひとへに本願をた
きことも業報にさしまかせて、ひとへに本願をた
のみまゐらすればこそ、他力にては候へ。『唯信抄』
のみまゐらすればこそ、他力にては候へ。『唯信抄』

にも、「弥陀いかばかりのちからましますとしりて

にも、「弥陀いかばかりのちからましますとしりて

か、罪業の身なればすくはれがたしとおもふべき」

か、罪業の身なればすくはれがたしとおもふべき」

と候ふぞかし。本願にほこるこころのあらんにつ

と候ふぞかし。本願にほこるこころのあらんにつ

けてこそ、他力をたのむ信心も決定しぬべきこと

けてこそ、他力をたのむ信心も決定しぬべきこと

にて候へ。おほよそ悪業煩悩を断じ尽くしてのち、

にて候へ。おほよそ悪業煩悩を断じ尽くしてのち、

本願を信ぜんのみぞ、願にほこるおもひもなくて

本願を信ぜんのみぞ、願にほこるおもひもなくて

よかるべきに、煩悩を断じなば、すなはち仏に成

よかるべきに、煩悩を断じなば、すなはち仏に成

り、仏のためには、五劫思惟の願、その詮なくや

り、仏のためには、五劫思惟の願、その詮なくや

ましまさん。本願ぼこりといましめらるるひとび

ましまさん。本願ぼこりといましめらるるひとび

とも、煩悩・不浄具足せられてこそ候うげなれ。

とも、煩悩・不浄具足せられてこそ候うげなれ。

それは願にほこらるるにあらずや。いかなる悪を

それは願にほこらるるにあらずや。いかなる悪を

本願ぼこりといふ、いかなる悪かほこらぬにて候

本願ぼこりといふ、いかなる悪かほこらぬにて候

ふべきぞや。かへりて、こころをさなきことか。

ふべきぞや。かへりて、こころをさなきことか。

第十四条

念仏は罪を滅らすために唱えるものではない

（一念に八十億劫の重罪を滅す）

ダイヤモンドのような確かな信心を得られたら往生するのは決定している

音読 声に出して読みましょう！

一　一念《いちねん》に八十億劫《はちじゅうおくこう》の重罪《じゅうざい》を滅《めっ》すと信《しん》ずべしといふ《う》こと。この条《じょう》は、十悪《じゅうあく》・五逆《ごぎゃく》の罪人《ざいにん》、日《ひ》ごろ念仏《ねんぶつ》を申《もう》さずして、命終《みょうじゅう》のとき、はじめて善《ぜん》知識《ぢしき》のを《お》しへ《え》にて、一念《いちねん》申《もう》せば八十億劫《はちじゅうおくこう》の罪《つみ》を滅《めっ》し、十念《じゅうねん》申《もう》せば十《と》八十億劫《はちじゅうおくこう》の重罪《じゅうざい》を滅《めっ》して往生《おうじょう》すといへ《え》り。

※【八十億劫の重罪】八十億劫という途方もない長い間、生死の境をさ迷わなければならないほどの重罪。

※【十悪・五逆】人間が犯す十種の罪悪と、五種の極悪罪。

※【善知識】教えを説いて正しい仏道に導く、優れた僧。

訳

ただ一声の念仏であっても、八十億劫という長い間の迷いの世界で苦しみ続けるほどの重い罪が消えるという、念仏滅罪を信じなければならないということについて。このことは十悪や五逆などの重い罪を犯し、日ごろは念仏など唱えることとないのに、まさに命を終えようというときになって、初めて念仏の教えを説き導く善知識の教えを受け取った人であっても、ただ一声の念仏によって、八十億劫もの間苦しまなければならないほどの重い罪が消え、十声念仏すれば、その十倍の重い罪が消えて、浄土に往生することができると説いています。

これは十悪《じゅうあく》・五逆《ごぎゃく》の軽重《きょうじゅう》をしらせんがために、

一念《いちねん》・十念《じゅうねん》といへ《え》るか、滅罪《めつざい》の利益《りやく》なり。いまだわれらが信《しん》ずるところにおよばず。

訳

これは十悪や五逆の罪がどれほど重いものであるかを知らせるために、一声の念仏で八十億劫、十声の念仏で八百億劫の罪が消えるということを言っていると思われます。要するに、念仏することによって罪を消し去る利益が得られるというのですが、そうした念仏滅罪の考えは、私たちが信じる他力の信心ではありません。

そのゆゑ《え》は、弥陀《みだ》の光明《こうみょう》に照《て》らされまゐ《い》らするゆゑ《え》に、一念《いちねん》発起《ぼっき》するとき金剛《こんごう》の信心《しんじん》をたまは《わ》りぬれば、すでに定聚《じょうじゅ》の位《くらい》にをさ《お》めしめたまひ《い》て、命終《みょうじゅう》すれば、もろもろの煩悩悪障《ぼんのうあくしょう》を転《てん》じて、無生忍《むしょうにん》をさとらしめたまふ《う》なり。

訳

なぜかと言うと、私たちは阿弥陀仏の光明に照らされて、阿弥陀仏の本願を信じる心が初めて起こるとき、決して壊れることのない信心をいただくのですから、そのとき、浄土に往生することが決まった人々の仲間に入れてくださるのです。この世の命が尽きれば、さまざまな煩悩や罪悪を転じて、真実の悟りを開かせてくださるのです。

※【弥陀の光明】十方をくまなく照らす無限で無量の光。阿弥陀仏の慈悲と智慧の象徴。

※【一念発起】阿弥陀仏の本願に頼ろうと思い立つ心。

※【金剛の信心】揺らぐことのない確かな信仰心。

※【定聚】正定聚の略。現世で往生が定まっている人。

※【無生忍】永遠不滅の真理を悟ること。

この悲願《ひがん》ましましまさずは、かかるあさましき罪人《ざいにん》、いかでか生死《しょうじ》を解脱《げだつ》すべきとおもひ《い》て、一生《いっしょう》のあひ《い》だ申《もう》すところの念仏《ねんぶつ》は、みなことごとく如来大悲《にょらいだいひ》の恩《おん》を報《ほう》じ、徳《とく》を謝《しゃ》すとおもふ《う》べきなり。

訳

もし、この阿弥陀仏の大いなる慈悲の心から起こしてくださった本願がなかったら、私たちのようなあさましい罪深いものが、どうして迷いの世界を離れることができるだろうかと思って、生涯に渡って唱える念仏は、みなすべて、阿弥陀仏の大いなる慈悲の心に対して、その恩に報い、その徳に感謝するものでなければなりません。

念仏《ねんぶつ》申《もう》さんごとに、罪《つみ》をほろぼさんと信《しん》ぜんは、すでにわれと罪《つみ》を消《け》して、往生《おうじょう》せんとはげむにてこそ候《そうろ》ふ《う》なれ。

訳

念仏するたびに罪が消え去ると信じるのは、自力で罪を消して浄土に往生しようと努めることにほかなりません。

※【解脱】生死の苦悩から抜け出して仏になること。

もししからば、一生《いっしょう》のあひ《い》だおもひ《い》とおもふ《う》こと、みな生死《しょうじ》のきづ《ず》なにあらざることなければ、いのち尽《つ》きんまで念仏退転《ねんぶつたいてん》せずして往生《おうじょう》すべし。

訳

もしそうであれば、一生の間に心に思うことは、すべてみな、自分を迷いの世界につなぎとめるものでしかありませんので、命が尽きるまで、怠ることなく絶えず念仏し続けて、初めて浄土に往生できることになります。

ただし業報《ごうほう》かぎりあることなれば、いかなる不思議《ふしぎ》のことにもあひ《い》、また病悩苦痛《びょうのうくつう》せめて、正念《しょうねん》に住《じゅう》せずしてをは《おわ》らん。念仏申《ねんぶつもう》すことかたし。

訳

そうは言っても、過去の世の行いの縁によって、自分の思うようには生きられませんので、どのような思いがけない出来事にあうかもしれませんし、また、病気に悩まされ苦痛に責められて、心安らかになれないままに命を終えることもあるでしょう。そのようなときには念仏することは、とても出来ません。

※【生死のきづな】生死を流転する迷いの境地にしばりつけること。

※【退転】精進する心を失って、それまでに得た悟りや修行の境地から後戻りすること。

※【業報】前世の業因によって、この世でうける苦楽の報い。

※【正念】臨終正念のこと。死に際でも心が乱れず、平安な状態にあること。

そのあひ《い》だの罪《つみ》をば、いかがして滅《めっ》すべきや。罪消《つみき》えざれば、往生《おうじょう》はかなふ《う》べからざるか。

訳

その念仏を唱えなかった間につくる罪は、どのようにして消したらよいのでしょうか。罪は消え去らないのだから、浄土に往生することはできないと言うのでしょうか。

摂取不捨《せっしゅふしゃ》の願《がん》をたのみたてまつらば、いかなる不思議《ふしぎ》ありて、罪業《ござい》ををかし《お》、念仏申《ねんぶつもう》さずしてをは《おわ》るとも、すみやかに往生《おうじょう》をとぐべし。

訳

すべての命あるものを光明の中におさめとって救ってくださるという阿弥陀仏の本願を信じてお任せすれば、どのような思いがけないことがあって、罪を犯し、念仏することなく命が終わろうとも、速やかに浄土に往生することができるのです。

また念仏《ねんぶつ》の申《もう》されんも、ただいまさとりをひらかんずる期《ご》のちかづくにしたがひ《い》ても、いよいよ弥陀《みだ》をたのみ、御恩《ごおん》を報《ほう》じたてまつるにて

※【摂取不捨の願】すべての衆生をもれなく浄土に修めて捨てはしないという阿弥陀仏の誓い。

こそ候《そうら》は《わ》め。

訳

また、命が終わろうとするときに念仏することができたとしても、その念仏は、今まさに浄土に往生して悟りを開くそのときが近づくにつれて、いよいよ阿弥陀仏にすべてをお任せして、その御恩に感謝する念仏なのです。

罪《つみ》を滅《めっ》せんとおもはん《わ》は、自力《じりき》のこころにして、臨終正念《りんじゅうしょうねん》といのるひとの本意《ほんい》なれば、他力《たりき》の信心《しんじん》なきにて候《そうろ》ふ《う》なり。

訳

念仏を唱えて、その功徳で罪を消し去ろうと思うのは、自力に囚われた心であり、命が終わろうとするときに阿弥陀仏を念じて心静かに往生することを願うという考えに基づくものですから、それはすべて阿弥陀仏にお任せするという他力の信心ではないと言うことです。

※【臨終正念】死の寸前に心を落ち着けて往生を願うこと。

ワンポイントアドバイス

罪を消そうとして念仏するのは、自力に頼った念仏である

重罪を犯した人が、死ぬ間際に、一回念仏を唱えれば重い罪が消えたり、十回念仏を唱えれば極楽浄土へ往生できるというのは、自力の考えです。そもそも念仏を唱えることで、自分が犯した罪を消し去ろうとするのは、自力に囚われた心であって、他力による信心とは異なるものです。

親鸞の教えでは、念仏を唱えさえすれば、罪を消し去ることが出来たり、極楽浄土に往生できる、ということではなく、たとえ病気で寝たきりになり念仏が唱えられなくても、阿弥陀仏の本願を信じて任せていれば、速やかに浄土に往生させていただけるのです。決して犯した罪を軽くするためのものではありません。

阿弥陀仏を魔法のように思って、自分の都合や解釈で唱えても意味はありません。極楽浄土で往生するとは、念仏を唱えた回数でも、自分の罪を消し去ることでもなく、あるがままを信じて、本願にお任せするということ。この教えの本質を、親鸞はいろいろな視点で伝えているのです。

本願を信じる心と、確固たる信心を得たときに浄土への往生が約束される

親鸞は「迷いに満ちたこの世では、悟りをえることはできない」という教えを説いています。人が何か悪いことをしたと感じたとき、つい罪を帳消しにしたくて「南無

阿弥陀仏」を唱えてしまうのは、自力による念仏です。親鸞が説く他力の念仏とは、すべての衆生を救いとるという阿弥陀仏の本願を心の底から信じて念仏することで、確固たる信心を得たのなら、浄土への往生は約束されています。

その後に行う念仏は、阿弥陀仏の大いなる慈悲に感謝する念仏となるのです。なので「一回の念仏を十回すれば十倍の御利益がある」というのは間違っています。人はつい、たくさん数を重ねたほうが徳があると思いがちですが、それこそ自力の考え方なのです。

なぞる

書いて心に刻みましょう！

一念に八十億劫の重罪を滅すと信ずべしとい
一念に八十億劫の重罪を滅すと信ずべしとい

ふこと。この条は、十悪・五逆の罪人、日ごろ念
ふこと。この条は、十悪・五逆の罪人、日ごろ念

仏を申さずして、命終のとき、はじめて善知識の
仏を申さずして、命終のとき、はじめて善知識の

をしへにて、一念申せば八十億劫の罪を滅し、十念申せば十八十億劫の重罪を滅して往生すといへり。これは十悪・五逆の軽重をしらせんがために、一念・十念といへるか、滅罪の利益なり。いまだ

をしへにて、一念申せば八十億劫の罪を滅し、十念申せば十八十億劫の重罪を滅して往生すといへり。これは十悪・五逆の軽重をしらせんがために、一念・十念といへるか、滅罪の利益なり。いまだ

われらが信ずるところにおよばず。そのゆゑは、
われらが信ずるところにおよばず。そのゆゑは、
弥陀の光明に照らされまゐらするゆゑに、一念発
弥陀の光明に照らされまゐらするゆゑに、一念発
起するとき金剛の信心をたまはりぬれば、すでに
起するとき金剛の信心をたまはりぬれば、すでに
定聚の位にをさめしめたまひて、命終すれば、も
定聚の位にをさめしめたまひて、命終すれば、も

ろもろの煩悩悪障を転じて、無生忍をさとらしめ
ろもろの煩悩悪障を転じて、無生忍をさとらしめ

たまふなり。この悲願ましまさずは、かかるあさ
たまふなり。この悲願ましまさずは、かかるあさ

ましき罪人、いかでか生死を解脱すべきとおもひ
ましき罪人、いかでか生死を解脱すべきとおもひ

て、一生のあひだ申すところの念仏は、みなこと
て、一生のあひだ申すところの念仏は、みなこと

ごとく如来大悲の恩を報じ、徳を謝すとおもふべ
ごとく如来大悲の恩を報じ、徳を謝すとおもふべ

きなり。念仏申さんごとに、罪をほろぼさんと信
きなり。念仏申さんごとに、罪をほろぼさんと信

ぜんは、すでにわれと罪を消して、往生せんとは
ぜんは、すでにわれと罪を消して、往生せんとは

げむにてこそ候ふなれ。もししからば、一生のあ
げむにてこそ候ふなれ。もししからば、一生のあ

ひだおもひとおもふこと、みな生死のきづなにあ

ひだおもひとおもふこと、みな生死のきづなにあ

らざることなければ、いのち尽きんまで念仏退転

らざることなければ、いのち尽きんまで念仏退転

せずして往生すべし。ただし業報かぎりあること

せずして往生すべし。ただし業報かぎりあること

なれば、いかなる不思議のことにもあひ、また病

なれば、いかなる不思議のことにもあひ、また病

悩苦痛せめて、正念に住せずしてをはらん。念仏
悩苦痛せめて、正念に住せずしてをはらん。念仏
申すことかたし。そのあひだの罪をば、いかがし
申すことかたし。そのあひだの罪をば、いかがし
て滅すべきや。罪消えざれば、往生はかなふべか
て滅すべきや。罪消えざれば、往生はかなふべか
らざるか。摂取不捨の願をたのみたてまつらば、
らざるか。摂取不捨の願をたのみたてまつらば、

いかなる不思議ありて、罪業ををかし、念仏申さ

いかなる不思議ありて、罪業ををかし、念仏申さ

ずしてをはるとも、すみやかに往生をとぐべし。

ずしてをはるとも、すみやかに往生をとぐべし。

また念仏の申されんも、ただいまさとりをひらか

また念仏の申されんも、ただいまさとりをひらか

んずる期のちかづくにしたがひても、いよいよ弥

んずる期のちかづくにしたがひても、いよいよ弥

陀をたのみ、御恩を報じたてまつるにてこそ候は

陀をたのみ、御恩を報じたてまつるにてこそ候は

め。罪を滅せんとおもはんは、自力のこころにし

め。罪を滅せんとおもはんは、自力のこころにし

て、臨終正念といのるひとの本意なれば、他力の

て、臨終正念といのるひとの本意なれば、他力の

信心なきにて候ふなり。

信心なきにて候ふなり。

第十五条

今生に本願を信じて来世にさとりを開く

（煩悩具足の身をもって）

易行の教えによって、悪人も善人も分け隔てなく救う

音読 声に出して読みましょう！

一　煩悩具足《ぼんのうぐそく》の身《み》をもって、すでにさとりをひらくといふ《う》こと。この条《じょう》、もってのほかのことに候《そうろう》ふ《う》。

訳

さまざまな煩悩を備えた身のままで、この世で悟りを開くということについて。このことは、もってのほかです。

即身成仏《そくしんじょうぶつ》は真言秘教《しんごんひきょう》の本意《ほんい》、三密行業《さんみつぎょうごう》の証果《しょうか》なり。

訳

この身のままで仏になるというのは、真言密教の根本の考えであり、身と口と意思（心）を働かせて、さまざまな修行を積み重ねて煩悩を取り除いた結果に得られるものです。

六根清浄《ろっこんしょうじょう》はまた法華一乗《ほっけいちじょう》の所説《しょせつ》、四安楽《しあんらく》の行《ぎょう》の感徳《かんとく》なり。

※【即身成仏】
現世の生身のままで悟りを開いて仏になること。

※【真言秘境】
真言密教のこと。

※【三密行業】
密教にいう身密・口密・意密の三種の行法。手に印を結び、口に真言を唱え、心に仏を念ずれば、行者はその身のままで仏になるとする即身成仏の教え。

訳

また、六根（眼、耳、鼻、舌、身、意）の働きを清らかに保つことは、「法華経」に説かれている、四つの安楽行を修めて得られる功徳です。

これみな難行上根《なんぎょうじょうこん》のつとめ、観念成就《かんねんじょうじゅ》のさとりなり。

訳

これらすべて、大変難しい行ですから、器量の優れたものが精神統一して苦行に励むことによって得られる悟りなのです。

来生《らいしょう》の開覚《かいかく》は他力浄土《たりきじょうど》の宗旨《しゅうし》、信心決定《しんじんけつじょう》の通《つう》故《こ》なり。

訳

このような、この世で悟りを得ようとする自力聖道門に対して、来世で悟りを開くというのが、阿弥陀仏の他力に頼って浄土に生まれると説く他力浄土門の教えであり、信心が起こったそのときに、浄土に往生することが定まるのです。

これまた易行下根《いぎょうげこん》のつとめ、不簡善悪《ふけんぜんあく》の法《ほう》なり。

訳

これは、器量が低い者のための修めやすい教えで、善人も悪人も分けへだてなく救われます。

※【四安楽の行】　身安楽行・口安楽行・意安楽行と請願安楽行の四つを言う。身口意の働きにおいてあやまちを離れ、すべての衆生をさとりに導こうという慈悲の請願を起こすこと。

※【難行上根のつとめ】　凡夫には行い難い、優れた人の修行。

※【観念成就の悟り】　心を落ち着け、真理を極めて悟りを達成させること。

※【来生の開覚】　来世には必ず浄土に生まれて悟りを開くこと。

※【易行下根の勤め】　力のない者でも務まるやさしい修行。

※【不簡善悪の法】　弥陀の救済は善人、悪人の区別をしない。

おほ《お》よそ今生《こんじょう》においては、煩悩悪障《ぼんのうあくしょう》を断《だん》ぜんこと、きはめ《わ》てありがたきあひ《い》だ、真言《しんごん》・法華《ほっけ》を行《ぎょう》ずる浄侶《じょうりょ》、なほ《お》もって順次生《じゅんじしょう》のさとりをいのる。

訳

およそこの世において煩悩を断ち、罪悪を滅することは、きわめて難しいことなので、真言宗や天台宗で修行する徳の高い僧であっても、やはり来世において悟りを開くことを祈ります。

いかにいはん《わ》や、戒行《かいぎょう》・慧解《えげ》ともになしといへ《え》ども、弥陀《みだ》の願船《がんせん》に乗《じょう》じて、生死《しょうじ》の苦海《くかい》をわたり、報土《ほうど》の岸《きし》につきぬるものならば、煩悩《ぼんのう》の黒雲《こくうん》はやく晴《は》れ、法性《ほっしょう》の覚月《かくげつ》すみやかにあらは《わ》れて、尽十方《じんじっぽう》の無碍《むげ》の光明《こうみょう》に一味《いちみ》にして、一切《いっさい》の衆生《しゅじょう》を利益《りやく》せんときにこそ、さとりにては候《そうら》へ《え》。

※【真言・法華】真言宗と天台宗の修行法。

※【順次生】今世の命を終えて、その次に生まれる命のこと。

※【戒行・慧解】戒律を守ってする修行、智慧によって得た仏法の理解。

※【法性】あるがままの世界での、仏の悟りの内容のこと。

訳

まして、戒律を守って厳しい修行をすることもなく、仏法を理解する力もない私たちが、この世で悟りを開くことなど、できるはずもありません。しかし、そのような私たちでも、阿弥陀仏の本願の船に乗って、苦しみに満ちた迷いの海を渡り、極楽浄土の岸に着いたならば、煩悩の黒雲はたちまち晴れて、悟りの月がすみやかに現れ、何物にも妨げられることなく、あらゆる世界を照らす阿弥陀仏の光明と一つになり、すべての命あるものを救うことができるのです。そのときに、初めて悟りを開いたと言えます。

この身《み》をもってさとりをひらくと候《そうろう》ふなるひとは、釈尊《しゃくそん》のごとく、種々《しゅじゅ》の応化《おうげ》の身《み》をも現《げん》じ、三十二相《さんじゅうにそう》・八十随形好《はちじゅうずいぎょうこう》をも具足《ぐそく》して、説法利益《せっぽうりやく》候《そうろう》ふにや。

訳

この身をもってこの世で悟りを開くことができると言う人は、お釈迦様のように、人びとを救うためにさまざまな姿となって現れ、三十二相・八十随形という特徴を備えて、教えを説いて人びとを救うことが、果たしてできるでしょうか。

これをこそ、今生《こんじょう》にさとりをひらく本《ほん》とは申《もう》し候《そうら》へ《え》。

※【応化の身】
仏が衆生を救うために、個々の能力に応じて姿を変え、形を変えて現れた姿のこと。

※【三十二相】
仏身についての三十二相の優れた特徴。

※【八十随形好】
三十二相に付随する、八十の細部の好ましいありさま。

※【説法利益】
法を説いて衆生を救うこと。

訳

このようなことができる人こそ、この世において悟りを開いたと言えるのです。

『和讃《わさん》』にいは《わ》く、「金剛堅固《こんごうけんご》の信心《しんじん》の　さだまるときをまちえてぞ　弥陀《みだ》の心光摂護《しんこうしょうご》して　ながく生死《しょうじ》をへだてける」と候《そうろう》ふは、信心《しんじん》の定《さだ》まるときに、ひとたび摂取《せっしゅ》して捨《す》てたまはざ《わ》れば、六道《ろくどう》に輪廻《りんね》すべからず。

訳

親鸞聖人が作られた『高僧和讃』に、「ダイヤモンドのように、決して壊れることのない確固とした信心が定まったときに、阿弥陀仏は慈悲の光明におさめて護られて、再び迷いの世界に立ち戻ることは決してありません」とあるように、私たちの信心が定まったそのときに、阿弥陀仏はおさめとって、決して見捨てないのです。なので、もう迷いの世界を生まれ変わり死に変わりして輪廻することはありません。

しかれば、ながく生死《しょうじ》をばへだて候《そうろう》ふぞかし。

訳

ですから、迷いの世界に永遠に戻ることはないのです。

※【和讃】
和語で仏や祖師の功徳をほめたたえた韻文。

※【心光摂護】
阿弥陀仏の大慈悲の心から放たれた光明によって念仏者を照らして救いを守ること。

※【輪廻】
衆生が死んで生まれる過程を果てしなく繰り返して迷い生きること。

かくのごとくしるを、さとるとはいひ《い》まぎらかすべきや。あはれ《わ》に候《そうろう》ふをや。

訳

しかし、このように承知することが悟りを開くことと同じであると混同して考えるならば、それは大きな誤りです。そのように考え違いをしている人は、本当に嘆かわしいことです。

「浄土真宗《じょうどしんしゅう》には、今生《こんじょう》に本願《ほんがん》を信《しん》じて、かの土《ど》にしてさとりをばひらくとならひ《い》候《そうろう》ふぞ」とこそ、故聖人《こしょうにん》の仰《おお》せには候《そうら》ひ《い》しか。

訳

「往生浄土の真の教えでは、この世において阿弥陀仏の本願を信じて、浄土に往生して悟りを開くのであるということを、法然聖人から教えていただきました」と、いまは亡き親鸞聖人は仰せになりました。

※【浄土真宗】現世の宗派の意見ではなく、浄土への往生を説く真実の教えのこと。

ワンポイントアドバイス

難行は賢い人が努力する道だが、易行は愚かな人でも進める道のこと

第十五条では、難行と易行について述べられています。

まず難行とは、能力の優れた人が修行をしながら、この世で仏となる「即身成仏」への道です。これは親鸞による易行の教えとは正反対の教えとなるので、もってのほかとなります。

易行とは、来世で悟りを開く「来世の開覚」による他力の教えが基本となります。信心が定まるときに、間違いなく往生できる、と親鸞は説いているのです。このように易行とは、能力が劣る人であっても、善人、悪人の分け隔てなく救われることを目的としています。

難行と易行、上根（能力のある人）と下根（能力の劣る人）という対比を使って、双方の違いを分かりやすく説いているのが親鸞の教えです。

皆が自力の修行をする才能や余裕があるわけではありません。この世で悟るのは、釈尊のような人だけです。誰でもが平等に行える易行こそ、他力の教えを導くものだと第十五条では述べています。

阿弥陀仏の本願を信じて、浄土に往生して悟りを開く

来世で悟りを開くということは、苦行や難行によってではなく、阿弥陀仏の本願の

船に乗ることによってできます。浄土の岸にたどり着くと、煩悩が自然と晴れて、阿弥陀様の光明と一つになることで、初めて悟りを開いたことになる、と親鸞は説いています。

このように、浄土真宗の教えは、ゆったりと安らかであり、本当にシンプルであることが分かります。私たちはつい、苦しみながら努力を重ねないと、人として成長できない、と考えがちですが、本当の悟りの境地とは現世での苦行ではなく、浄土に往生して悟りを開くことだと考えると、肩の力が抜けます。

その道では、善人も悪人も、優秀な人も劣っている人もすべてが平等です。そこに、法然や親鸞の教えが現世まで伝え広まった秘密があると思います。

地球上での争いごとが絶えないいまの世が生きにくいのは、いまだに勝ち負けが価値基準になってるからではないでしょうか。親鸞の『歎異抄』が現代の人たちの心に沁み入るのは、浄土に往生してから悟りを開く、という他力の徹底によるものかもしれません。現世での行いや結果ではないことを伝えているのです。

なぞる

書いて心に刻みましょう！

一　煩悩具足の身をもつて、すでにさとりをひら

一　煩悩具足の身をもつて、すでにさとりをひら

くといふこと。この条、もつてのほかのことに候ふ。

くといふこと。この条、もつてのほかのことに候ふ。

即身成仏は真言秘教の本意、三密行業の証果な

即身成仏は真言秘教の本意、三密行業の証果な

り。六根清浄はまた法華一乗の所説、四安楽の行の感徳なり。これみな難行上根のつとめ、観念成就のさとりなり。来生の開覚は他力浄土の宗旨、信心決定の通故なり。これまた易行下根のつとめ、

り。六根清浄はまた法華一乗の所説、四安楽の行の感徳なり。これみな難行上根のつとめ、観念成就のさとりなり。来生の開覚は他力浄土の宗旨、信心決定の通故なり。これまた易行下根のつとめ、

不簡善悪の法なり。おほよそ今生においては、煩

不簡善悪の法なり。おほよそ今生においては、煩

悩悪障を断ぜんこと、きはめてありがたきあひだ、

悩悪障を断ぜんこと、きはめてありがたきあひだ、

真言・法華を行ずる浄侶、なほもつて順次生のさ

真言・法華を行ずる浄侶、なほもつて順次生のさ

とりをいのる。いかにいはんや、戒行・慧解とも

とりをいのる。いかにいはんや、戒行・慧解とも

になしといへども、弥陀の願船に乗じて、生死の

になしといへども、弥陀の願船に乗じて、生死の

苦海をわたり、報土の岸につきぬるものならば、

苦海をわたり、報土の岸につきぬるものならば、

煩悩の黒雲はやく晴れ、法性の覚月すみやかにあ

煩悩の黒雲はやく晴れ、法性の覚月すみやかにあ

らはれて、尽十方の無礙の光明に一味にして、一

らはれて、尽十方の無礙の光明に一味にして、一

切の衆生を利益せんときにこそ、さとりにては候

切の衆生を利益せんときにこそ、さとりにては候

へ。この身をもつてさとりをひらくと候ふなるひ

へ。この身をもつてさとりをひらくと候ふなるひ

とは、釈尊のごとく、種々の応化の身をも現じ、

とは、釈尊のごとく、種々の応化の身をも現じ、

三十二相・八十随形好をも具足して、説法利益候

三十二相・八十随形好をも具足して、説法利益候

ふにや。これをこそ、今生にさとりをひらく本と
ふにや。これをこそ、今生にさとりをひらく本と

は申し候へ。『和讃』にいはく、「金剛堅固の信心
は申し候へ。『和讃』にいはく、「金剛堅固の信心

の　さだまるときをまちえてぞ　弥陀の心光摂護
の　さだまるときをまちえてぞ　弥陀の心光摂護

して　ながく生死をへだてける」と候ふは、信心
して　ながく生死をへだてける」と候ふは、信心

の定まるときに、ひとたび摂取して捨てたまはざ
の定まるときに、ひとたび摂取して捨てたまはざ

れば、六道に輪廻すべからず。しかれば、ながく
れば、六道に輪廻すべからず。しかれば、ながく

生死をばへだて候ふぞかし。かくのごとくしるを、
生死をばへだて候ふぞかし。かくのごとくしるを、

さとるとはいひまぎらかすべきや。あはれに候ふ
さとるとはいひまぎらかすべきや。あはれに候ふ

をや。「浄土真宗には、今生に本願を信じて、かの

をや。「浄土真宗には、今生に本願を信じて、かの

土にしてさとりをばひらくとならひ候ふぞ」とこ

土にしてさとりをばひらくとならひ候ふぞ」とこ

そ、故聖人の仰せには候ひしか。

そ、故聖人の仰せには候ひしか。

第十六条

悔い改めの回心は、一度かぎり

（信心の行者、自然にはらをもたて）

自分の考えを捨てて、
自然の道理に任せることが大切である

音読 声に出して読みましょう!

一 信心《しんじん》の行者《ぎょうじゃ》、自然《じねん》にはらをもたて、あしざまなることをもを《お》かし、同朋同侶《どうぼうどうりょ》にもあひ《い》て口論《こうろん》をもしては、かならず回心《えしん》すべしといふ《う》こと。この条《じょう》、断悪修善《だんあくしゅぜん》のここちか。

訳

阿弥陀仏の本願を信心して念仏する人が、たまたま腹を立てたり、悪いことをしたりして、念仏者の仲間と口論をすることがあると、必ずそのたびに、心を悔い改めなければならない（回心）ということについて。このことは、過ちを悔い改め、悪を断ち、善を修めて浄土に往生しようという考えなのでしょうか。

一向専修《いっこうせんじゅ》のひとにおいては、回心《えしん》といふ《う》こと、ただひとたびあるべし。

訳

阿弥陀仏の本願を信じてもっぱら念仏する人にとって、心を悔い改める回心ということは、ただ一度かぎりのことです。

※【同朋同侶】同じ教えに生きる仲間。「朋」は朋友、「侶」は伴侶。

※【回心】間違った心を悔い改めること。自力に頼るのを改め、他力の信心に入ること。

※【断悪修善】自分の力で悪心を断って、善いことをして往生を願うこと。

※【一向専修】念仏以外の余行を顧みないで、ひたすら念仏の行だけをおこなうこと。

その回心《えしん》は、日《ひ》ごろ本願他力真宗《ほんがんたりきしんしゅう》をしらざるひと、弥陀《みだ》の智慧《ちえ》をたまはりて、日《ひ》ごろのこころにては往生《おうじょう》かなふ《う》べからずとおもひ《い》て、もとのこころをひきかへ《え》て、本願《ほんがん》をたのみまゐ《い》らするをこそ、回心《えしん》とは申《もう》し候《そうら》へ《え》。

訳

その回心とは、日ごろ本願の他力の教えを知らない人が、阿弥陀仏の智慧をいただき、これまでのような心がけでは浄土に往生できないと思って、それまでの自力の心を捨て、阿弥陀仏の本願の働きにお任せすること。これを心を悔い改めること（回心）と説いています。

一切《いっさい》の事《じ》に、あしたゆふ《う》べに回心《えしん》して、往生《おうじょう》をとげ候《そうろう》ふ《う》べくは、ひとのいのちは、出《い》づる息《いき》、入《い》るほどをまたずしてをは《おわ》ることなれば、回心《えしん》もせず、柔和忍辱《にゅうわにんにく》のおもひ《い》にも住《じゅう》せざらんさきにいのち尽《つ》きば、摂取不捨《せっしゅふしゃ》の誓願《せいがん》はむなしくならせおは《わ》しますべきにや。

※【本願他力真宗】阿弥陀仏の本願の働きによって、救われるという教えのこと。

※【柔和忍辱】柔和は従順にして温和なこと。忍辱は屈辱や迫害を耐え忍んで怒りの心を起こさないこと。

訳

もし、あらゆることについて、朝に夕に回心し、悪い心を改め、善い行いをして、そのうえで浄土に往生することができると言うのであれば、人の命は息を吸う間もないうちに尽きるかもしれない儚いものですから、心を改める時間もなく、やすらかで落ち着いた気持ちになる前に命が終わってしまうかもしれませんから、すべての人を救いとって見捨てない、という阿弥陀仏の誓願は達せられないのではないでしょうか。

口《くち》には願力《がんりき》をたのみたてまつるといひ《い》て、こころにはさこそ悪人《あくにん》をたすけんといふ《う》願《がん》、不思議《ふしぎ》にましますといふ《う》とも、さすがよからんものをこそたすけたまは《わ》んずれとおもふ《う》ほどに、願力《がんりき》を疑《うたが》ひ《い》、他力《たりき》をたのみまゐ《い》らするこころかけて、辺地《へんじ》の生《しょう》をうけんこと、もっともなげきおもひ《い》たまふ《う》べきことなり。

訳

悪い心が起こるたびに回心しなければならないと言う人は、口では阿弥陀仏の本願の働きに頼みます、と言いながら、心の中では、悪人をお助けになるという本願がどれほど不思議な力をもっているからと言っても、やはり善人だけをお救いになられるのだろう、と思っているから、本願の働きを疑って阿弥陀

※【摂取不捨】すべての衆生を浄土にもれなくおさめとって、捨てはしないと言う阿弥陀仏の誓い。

※【願力】阿弥陀仏の本願の働き。

※【悪人をたすけんといふ願】道徳的な悪人ではなく、煩悩にまみれた、決して善人とは言えない衆生を救おうと言う阿弥陀仏の誓願のこと。

※【辺地】自力に頼る念仏者が往生する、真実のほとりにある仮の浄土。

仏にお任せするという他力の心に欠けているのです。それは真実の浄土ではなく、辺地と言われる方便の浄土に往生することになってしまうのです。これははなはだ嘆かわしいことだと思うべきでしょう。

信心定《しんじんさだ》まりなば、往生《おうじょう》は弥陀《みだ》にはからはれまゐ《い》らせてすることなれば、わがはからひ《い》なるべからず。

訳

信心が定まったならば、浄土に往生するのは阿弥陀仏のはからいによるもので、自分のはからいで行くわけではありません。

わろからんにつけても、いよいよ願力《がんりき》を仰《あお》ぎまゐ《い》らせば、自然《じねん》のことわりにて、柔和忍辱《にゅうわにんにく》のこころも出《い》でくべし。

訳

自分が悪いことをするにつけても、かえってますます本願の働きの尊さを思わせていただくならば、その本願の不思議な働きによって、おのずと安らかで落ち着いた気持ちになり、ものごとに耐え忍ぶ心も起こることでしょう。

※【自然】自分の力によるのではなく、本願他力によって、おのずからそうなること。

すべてよろづ《ず》のことにつけて、往生《おうじょう》にはかしこきおもひ《い》を具《ぐ》せずして、ただほれぼれと弥陀《みだ》の御恩《ごおん》の深重《じんじゅう》なること、つねはおもひ《い》いだしまゐ《い》らすべし。

訳

浄土に往生するためには、何事につけてもこざかしい考えを挟まずに、我を忘れて、ただ惚れ惚れと阿弥陀仏の御恩の深く重いことを、いつも思わせていただくのが良いでしょう。

しかれば、念仏《ねんぶつ》も申《もう》され候《そうろう》ふ。これ自然《じねん》なり。

訳

そのようにすることで、おのずと念仏が口をついて出てくるのです。これが自然、つまり「おのずとそうなる」と言うことです。

わがはからは《わ》ざるを自然《じねん》と申《もう》すなり。これすなわち他力《たりき》にてまします。

訳

自分のはからいを交えないことを自然と言います。これがすなわち阿弥陀仏の本願の働き（他力）と言うことです。

しかるを、自然《じねん》といふ《う》ことの別《べつ》にあるやう《よ》に、われ物《もの》しりがほ《お》にいふ《う》ひとの候《そうろ》ふ《う》よしうけたまは《わ》る、あさましく候《そうろ》ふ《う》。

訳

それにも関わらず、おのずとそうなると言うことが、この本願の働きのほかにもあるように、物知り顔をして言う人がいるようですが、それは本当に嘆かわしいことです。

ワンポイントアドバイス

自力ではなく他力の信心に任せる回心はただ一回限りのこと

第十六条で大切なことは、「回心」と「自然」だと伝えています。「回心」とは、自力に頼る心を悔い改めて、他力の信心に任せることです。さらに、阿弥陀仏の本願を信じて念仏する人にとっては、「回心はただ一回限りのことだ」ということがとても重要なのです。

一方、悪いことをしたら、そのたびに回心することで初めて往生することができる、と考える人たちもいます。

しかし、自力で回心することを繰り返して他力に任せる心が欠けていると、仮の浄土にしか往生できなくなります。そうなると、すべての人を救ってくださる阿弥陀仏の誓願が達成できないことになってしまいます。

このことから、うわべだけで分かったつもりになっている人は、どこまでいっても自力での回心を繰り返すことになります。魂そのもので回心すると、それまでの自分がいかに他力で生きてきたのか思い知らされます。その経験を通じて他力で信心する道が開けてくるのです。

自力に頼らず、本願他力によれば、おのずから念仏が口から出てくるもの

信じる心がしっかり定まってさえいれば、あとは阿弥陀仏のはからいにお任せして

いれば、浄土に往生させていただけるわけです。あまりこざかしくあれこれ考えることなく、自分のはからいを交えないことが大切なのです。あくまでも自力ではなく、本願他力によって、おのずからそうなる、と言うことです。

思いあがった心を捨てて、自然に任せていると、おのずから念仏する気持ちが湧き起こります。回心は一回で良いのに、悪いことをするたびに回心しなければならない、と勘違いしないこと。いろいろこざかしい考えをもたないことが、自然と言うことなのです。

現代に生きる私たちも、ついマニュアルやルールを作って、「こうすれば大丈夫」と安心しようとします。条件に縛られているうちは、他力での往生はできません。もっと自然に任せて、心から湧き上がる気持ちで念仏をするとき、他力本願に導かれていくのです。

なぞる

書いて心に刻みましょう!

一　信心の行者、自然にはらをもたて、あしざま

一　信心の行者、自然にはらをもたて、あしざま

なることをもをかし、同朋同侶にもあひて口論を

なることをもをかし、同朋同侶にもあひて口論を

もしては、かならず回心すべしといふこと。この

もしては、かならず回心すべしといふこと。この

条、断悪修善のここちか。

一向専修のひとにおいては、回心といふこと、

ただひとたびあるべし。その回心は、日ごろ本願

他力真宗をしらざるひと、弥陀の智慧をたまはり

条、断悪修善のここちか。
一向専修のひとにおいては、回心といふこと、
ただひとたびあるべし。その回心は、日ごろ本願
他力真宗をしらざるひと、弥陀の智慧をたまはり

て、日ごろのこころにては往生かなふべからずと

て、日ごろのこころにては往生かなふべからずと

おもひて、もとのこころをひきかへて、本願をた

おもひて、もとのこころをひきかへて、本願をた

のみまゐらするをこそ、回心とは申し候へ。一切

のみまゐらするをこそ、回心とは申し候へ。一切

の事に、あしたゆふべに回心して、往生をとげ候

の事に、あしたゆふべに回心して、往生をとげ候

ふべくは、ひとのいのちは、出づる息、入るほど
ふべくは、ひとのいのちは、出づる息、入るほど

をまたずしてをはることとなれば、回心もせず、柔
をまたずしてをはることとなれば、回心もせず、柔

和忍辱のおもひにも住せざらんさきにいのち尽き
和忍辱のおもひにも住せざらんさきにいのち尽き

ば、摂取不捨の誓願はむなしくならせおはします
ば、摂取不捨の誓願はむなしくならせおはします

べきにや。口には願力をたのみたてまつるといひ
べきにや。口には願力をたのみたてまつるといひ

て、こころにはさこそ悪人をたすけんといふ願、
て、こころにはさこそ悪人をたすけんといふ願、

不思議にましますといふとも、さすがよからんも
不思議にましますといふとも、さすがよからんも

のをこそたすけたまはんずれとおもふほどに、願
のをこそたすけたまはんずれとおもふほどに、願

力を疑ひ、他力をたのみまゐらするこころかけて、
力を疑ひ、他力をたのみまゐらするこころかけて、

辺地の生をうけんこと、もつともなげきおもひた
辺地の生をうけんこと、もつともなげきおもひた

まふべきことなり。信心定まりなば、往生は弥陀
まふべきことなり。信心定まりなば、往生は弥陀

にはからはれまゐらせてすることなれば、わがは
にはからはれまゐらせてすることなれば、わがは

からひなるべからず。わろからんにつけても、い
からひなるべからず。わろからんにつけても、い

よいよ願力を仰ぎまゐらせば、自然のことわりに
よいよ願力を仰ぎまゐらせば、自然のことわりに

て、柔和忍辱のこころも出でくべし。すべてよろ
て、柔和忍辱のこころも出でくべし。すべてよろ

づのことにつけて、往生にはかしこきおもひを具
づのことにつけて、往生にはかしこきおもひを具

せずして、ただほれぼれと弥陀の御恩の深重なる

せずして、ただほれぼれと弥陀の御恩の深重なる

こと、つねはおもひいだしまゐらすべし。しかれ

こと、つねはおもひいだしまゐらすべし。しかれ

ば、念仏も申され候ふ。これ自然なり。わがはか

ば、念仏も申され候ふ。これ自然なり。わがはか

らはざるを自然と申すなり。これすなはち他力に

らはざるを自然と申すなり。これすなはち他力に

てまします。しかるを、自然といふことの別にあ

てまします。しかるを、自然といふことの別にあ

るやうに、われ物しりがほにいふひとの候ふよし

るやうに、われ物しりがほにいふひとの候ふよし

うけたまはる、あさましく候ふ。

うけたまはる、あさましく候ふ。

第十七条

信心に欠ける者も、真実の往生を遂げる

（辺地往生をとぐるひと）

仮の浄土に往生しても、
そのうち真の浄土に往生できる

音読 声に出して読みましょう！

一　辺地《へんじ》往生《おうじょう》をとぐるひと、つひ《い》には地獄《じごく》におつべしといふ《う》こと。この条《じょう》、なにの証文《しょうもん》にみえ候《そうろう》ふ《う》ぞや。

訳

本願を疑ったために辺地と言われる方便の浄土に往生する人は、終局は地獄に堕ちるだろうと言うことについて。このことは、どのような証拠となる書物があるのでしょうか。

学生《がくしょう》だつるひとのなかに、いひ《い》いださるることにて候《そうろう》ふ《う》なるこそ、あさましく候《そうら》へ《え》。

訳

これは、学者らしくふるまう人たちの中から言い出されたと言うことですが、まことに情けないことです。

経論《きょうろん》・正教《しょうぎょう》をば、いかや《よ》うにみなされて候《そうろう》ふ《う》らん。

※【辺地】自力にたのむ念仏者が往生する仮の浄土。

※【経論・聖教】教典やその注釈書など、正しい教えを書き記した仏教の教典。聖典。

訳

そのような人は教典や注釈書に書かれたことを、どのように理解しておられるのでしょうか。

信心《しんじん》かけたる行者《ぎょうじゃ》は、本願《ほんがん》を疑《うたが》ふ《う》によりて、辺地《へんじ》に生《しょう》じて、疑《うたがい》の罪《つみ》をつぐのひ《い》てのち、報土《ほうど》のさとりをひらくとこそ、うけたまは《わ》り候《そうら》へ《え》。

訳

信心に欠ける念仏者は、阿弥陀仏の本願を疑うことによって、真実の浄土の片ほとりにある仮の浄土に往生して、本願を疑った罪をつぐなったのち、あらためて真実の報土において悟りを開くことができると聞いています。

信心《しんじん》の行者《ぎょうじゃ》すくなきゆゑ《え》に、化土《けど》におほ《お》くすすめいれられ候《そうろ》ふ《う》を、つひ《い》にむなしくなるべしと候《そうろ》ふ《う》なるこそ、如来《にょらい》に虚妄《こもう》を申《もう》しつけまゐ《い》らせられ候《そうろ》ふ《う》なれ。

訳

本願を心から信じる念仏者が少ないために、方便の浄土にはたくさんの人が往生させられていると言うことです。それを方便の浄土に生まれた者は結局は地獄に堕ちるなどと言うことは、阿弥陀仏の救いの教えを説かれたお釈迦様が嘘いつわりを言っておられると言うことと同じになるのです。

※【化土】真実の報土に対する、仮の浄土のこと。

ワンポイントアドバイス

信心が足りないから地獄に堕ちる、と言うのは大きな間違いだ

第十七条では「本願を信じている者」と「信じていない者」、「真の浄土」と「仮の浄土」の対比が語られています。「本願を信じないで、仮の浄土に往生した人は、地獄に堕ちてしまう」と言う考えを、親鸞はあきれた話だと否定しています。

実際に学者たちの間では、そうした説を解釈して伝えていたようですが、その風潮に関しても、親鸞は異を唱えています。

真実を知るためには、ときに極端な考えを対比することで、伝わりやすくなります。このことからも、本願を信じることの難しさを伺い知ることができるでしょう。本願を本当に信じてるかどうかは、その人自身しかわかりません。真の浄土と仮の浄土を表面的に比較しても意味がなく、人は迷いながら信心を通じて真の浄土にたどり着くのです。

このように第十七条では、信心が足りないから地獄に堕ちる、という単純な考えに流されやすい人の心の弱さが、真の浄土から遠ざかることにつながると説いています。

方便の浄土は、本願を信じられない人のためのセーフティネットのようなもの

例えば、「本願を信じられない人は地獄に堕ちる」と断定されてしまったら、念仏していても不安になってしまいます。でも、「疑ってしまった罪を償えば、真実の浄

土に行ける」と言われれば、安心して念仏できると思います。

このように阿弥陀仏の本願をなかなか信じられない人を、方便（仮）の浄土に往生させているので、いわば方便の浄土とは、本願を信じられない人たちのセーフティネットのようなものなのです。

これは多くの人たちに「真実の浄土に往生してほしい」という願いがあるがゆえ、方便の浄土があると言えるのです。浄土と地獄の間に方便の浄土を設定することで、人々に「本当の浄土で往生したい」と本願を疑わずに他力に徹底する心を促しているのでしょう。

阿弥陀仏の教えの素晴らしさは、このように人の心の迷いや揺らぎをも含めて救ってくれるところです。あえて「方便の浄土」があることで、多くの人々が救われているのです。

なぞる

書いて心に刻みましょう！

一　辺地往生をとぐるひと、つひには地獄におつ

一　辺地往生をとぐるひと、つひには地獄におつ

べしといふこと。この条、なにの証文にみえ候ふ

べしといふこと。この条、なにの証文にみえ候ふ

ぞや。学生だつるひとのなかに、いひいださるる

ぞや。学生だつるひとのなかに、いひいださるる

ことにて候ふなるこそ、あさましく候へ。経論・
ことにて候ふなるこそ、あさましく候へ。経論・

正教をば、いかやうにみなされて候ふらん。
正教をば、いかやうにみなされて候ふらん。

信心かけたる行者は、本願を疑ふによりて、辺
信心かけたる行者は、本願を疑ふによりて、辺

地に生じて、疑の罪をつぐのひてのち、報土のさ
地に生じて、疑の罪をつぐのひてのち、報土のさ

とりをひらくとこそ、うけたまはり候へ。信心の
とりをひらくとこそ、うけたまはり候へ。信心の

行者すくなきゆゑに、化土におほくすすめいれら
行者すくなきゆゑに、化土におほくすすめいれら

れ候ふを、つひにむなしくなるべしと候ふなるこ
れ候ふを、つひにむなしくなるべしと候ふなるこ

そ、如来に虚妄を申しつけまゐらせられ候ふなれ。
そ、如来に虚妄を申しつけまゐらせられ候ふなれ。

第十八条

金品ではなく、深い信心を投げかけよ

（仏法の方に、施入物の多少に）

深い信心があれば、金品などの寄進などは必要ない

音読 声に出して読みましょう！

一 仏法《ぶっぽう》の方《かた》に、施入物《せにゅうもつ》の多少《たしょう》にしたがって、大小仏《だいしょうぶつ》に成《な》るべしといふ《う》こと。この条《じょう》、不可説《ふかせつ》なり、不可説《ふかせつ》なり。比興《ひきょう》のことなり。

訳

仏事を執り行う寺や僧侶に布施として寄進する金品の多少によって、浄土に往生してから、大きな仏にもなり、小さな仏にもなると言うことについて。このことは、言語道断、まことにとんでもないことで、道理に合わないことです。

まづ《ず》、仏《ぶつ》に大小《だいしょう》の分量《ぶんりょう》を定《さだ》めんこと、あるべからず候《そうろう》ふ《う》か。

訳

それはまず、仏の体が大きいとか小さいとか言うことは、もともとありえないことだからです。

かの安養浄土《あんにょうじょうど》の教主《きょうしゅ》の御身量《ごしんりょう》を説《と》かれて候《そうろう》ふ《う》も、それは方便報身《ほうべんほうじん》のかたちなり。

※【安養浄土の教主】極楽浄土の教主、すなわち阿弥陀仏のこと。

※【方便報身】阿弥陀仏が衆生に法を

訳

確かに教典には、阿弥陀仏の体の大きさが説かれていますが、それは仏はもともと色や形で表現することはできませんが、衆生を悟りに導くために、その存在を知らしめようとして示された仮の姿なのです。

法性《ほっしょう》のさとりをひらいて、長短《ちょうたん》・方円《ほうえん》のかたちにもあらず、青《しょう》・黄《おう》・赤《しゃく》・白《びゃく》・黒《こく》のいろをもはなれなば、なにをもってか大小《だいしょう》を定《さだ》むべきや。

訳

真実の悟りを開かれた仏は、その体が長いとか短いとか、丸いとか四角いとかの形を超えて、青・黄・赤・白・黒などの色を離れた仏の身となるのなら、どうして大きい小さいの区別をすることができるのでしょうか。

念仏申《ねんぶつもう》すに、化仏《けぶつ》をみたてまつるといふ《う》ことの候《そうろう》ふ《う》なるこそ、「大念《だいねん》には大仏《だいぶつ》を見《み》、小念《しょうねん》には小仏《しょうぶつ》を見《み》る」といへ《え》るが、もしこのことわりなんどにばし、ひきかけられ候《そうろう》ふ《う》やらん。

訳

念仏すると、仏の姿を見せていただくことがあると言います。教典には「大きな声で念仏すると大きな仏を見て、小さな声で念仏をすると小さな仏を見る」とあります。もしかすると、この説にこじつけて、寄付金の多少に従って、大きな仏や小さな仏になるなどと言ったのでしょうか。

知らしめたるために、仮に形をとって現れた姿のこと。

※【法性】あるがままの世界での、仏の悟りの内容のこと。

※【化仏】相手に応じて、仮にいろいろな姿をとって現れた仏。

かつはまた、檀波羅蜜《だんばらみつ》の行《ぎょう》ともいひつべし。

訳

寄進すると言うことは、布施の行といって、仏教徒のなすべき基本的なおこないの一つです。

いかに宝物《たからもの》を仏前《ぶつぜん》にもなげ、師匠《ししょう》にも施《ほどこ》すとも、信心《しんじん》かけなば、その詮《せん》なし。

訳

しかし、どんなに財宝を仏前に捧げ、師匠に布施をしたからと言って、本願を信じる心に欠けていたら、なんの意味もありません。

一紙《いっし》・半銭《はんせん》も仏法《ぶっぽう》の方《かた》に入《い》れずとも、他力《たりき》にこころをなげて信心《しんじん》ふかくは、それこそ願《がん》の本《ほん》意《い》にて候《そうら》はめ。

訳

たとえ紙一枚やわずかの銭すら寄進することがなくても、本願の働きにすべてお任せして、深い信心を持っているならば、それこそ、阿弥陀仏の願いに叶うことになるでしょう。

※【檀波羅蜜の行】布施・持戒・忍辱・精進・禅定・智慧の一つで、布施の行のこと。

すべて仏法《ぶっぽう》にことをよせて、世間《せけん》の欲心《よくしん》もあるゆゑ《え》に、同朋《どうぼう》をいひ《い》おどさるるにや。

訳

寄進の多少によって大小の仏になるなどと言うことは、つまるところ、物欲を仏の教えにかこつけてこのようなことを言って、念仏する仲間をおどかしているのではないでしょうか。

ワンポイントアドバイス

心からの信心がなければ、どんなに高額の寄進をしても全く意味がない

自分が「救われたい」と強く願うと、「金品を寄進しなければ」とつい思ってしまいますが、そもそも寄進によって救われる、救われないと言うことはありえません。ならば、お金のない人でも「自分は寄進していないから浄土で往生できない」と言うこともなく、安心できるでしょう。

たとえ、一枚の紙やわずかなお金を寄進しなくても、本願の働きに身を任せて深く信心すれば、阿弥陀仏の本願の心に叶うのだと説いています。

人はつい自分の思いや願いの大きさを、金品で示そうとしてしまいますが、大事なのは寄進することではなく、心からの信心であることを親鸞は伝えているのです。

人はつい、目に見えるものだけが価値があり、お金や品物で自分の価値や恩義を示そうとしてしまいがちです。親鸞は、第十八条でも、そういうことに左右されずに本願に任せて信心することの大切さを繰り返し説いています。

寄進によって救われるのではなく、心の底から信じることによって救われる

本来なら、「たくさん寄進したほうが大きな仏になれます」と説いたほうが、お金がたくさん集まります。しかし親鸞は、「寄進などはまったく関係ありません」と言いきっています。

たとえば、他の宗教では免罪符を買えば罪がつぐなわれて救われる、といった教えを広めることで、そこの宗教団体にお金が集まるということをやっていました。

しかし親鸞は、真実の信心とはお金で買うものではなく、心の底から信じることによって救われるのだ、と言う教えを説いているのです。

いまの世の中では、お金の不安が老後の不安につながっている風潮があります。親鸞は第十八条の言葉から、金品が浄土への往生を保障するものではない、と説いています。深い安心は、お金のあるなしではなく、本願にある、ということです。真の安心や幸せについても、現代人の私たちも深く考えさせられるのではないでしょうか。

なぞる

書いて心に刻みましょう！

一　仏法の方に、施入物の多少にしたがつて、大

一　仏法の方に、施入物の多少にしたがつて、大

小仏に成るべしといふこと。この条、不可説なり、

小仏に成るべしといふこと。この条、不可説なり、

不可説なり。比興のことなり。

不可説なり。比興のことなり。

まづ、仏に大小の分量を定めんこと、あるべか
らず候ふか。かの安養浄土の教主の御身量を説か
れて候ふも、それは方便報身のかたちなり。法性
のさとりをひらいて、長短・方円のかたちにもあ

まづ、仏に大小の分量を定めんこと、あるべか
らず候ふか。かの安養浄土の教主の御身量を説か
れて候ふも、それは方便報身のかたちなり。法性
のさとりをひらいて、長短・方円のかたちにもあ

らず、青・黄・赤・白・黒のいろをもはなれなば、
らず、青・黄・赤・白・黒のいろをもはなれなば、

なにをもつてか大小を定むべきや。念仏申すに、
なにをもつてか大小を定むべきや。念仏申すに、

化仏をみたてまつるといふことの候ふなるこそ、
化仏をみたてまつるといふことの候ふなるこそ、

「大念には大仏を見、小念には小仏を見る」といへ
「大念には大仏を見、小念には小仏を見る」といへ

るが、もしこのことわりなんどにばし、ひきかけ

るが、もしこのことわりなんどにばし、ひきかけ

られ候ふやらん。かつはまた、檀波羅蜜の行とも

られ候ふやらん。かつはまた、檀波羅蜜の行とも

いひつべし。いかに宝物を仏前にもなげ、師匠に

いひつべし。いかに宝物を仏前にもなげ、師匠に

も施すとも、信心かけなば、その詮なし。一紙・

も施すとも、信心かけなば、その詮なし。一紙・

半銭も仏法の方に入れずとも、他力にこころをなげて信心ふかくは、それこそ願の本意にて候はめ。すべて仏法にことをよせて、世間の欲心もあるゆゑに、同朋をいひおどさるるにや。

半銭も仏法の方に入れずとも、他力にこころをなげて信心ふかくは、それこそ願の本意にて候はめ。すべて仏法にことをよせて、世間の欲心もあるゆゑに、同朋をいひおどさるるにや。

後序

ただ念仏だけが、真実である

（右条々は、みなもって信心の異なる）

信心する者には、優劣や、上下があってはならない

音読 声に出して読みましょう！

右条々《みぎじょうじょう》は、みなもって信心《しんじん》の異《こと》なるよりことおこり候《そうろう》ふか。

訳

第十一条から第十八条までにあげた、数々の異議は、どれもみな、真実の信心と異なっているために生じたことのようです。

故聖人《こしょうにん》の御物語《おんものがたり》に、法然聖人《ほうねんしょうにん》の御時《おんとき》、御弟子《おんでし》そのかずおはし《わ》けるなかに、おなじく御信心《ごしんじん》のひともすくなくおはし《わ》けるにこそ、親鸞《しんらん》、御同朋《おんどうぼう》の御中《おんなか》にして御相論《ごそうろん》のこと候《そうら》ひ《い》けり。

訳

いまは亡き親鸞聖人のお話では、法然聖人のご存世のころ、その弟子の数多かったなかで、法然聖人と同じご信心の人は、わずかしかおられなかったので、あるとき親鸞聖人と同門の弟子たちとの間で争論が起こりました。

そのゆゑ《え》は、「善信《ぜんしん》が信心《しんじん》も、聖人《しょうにん》の御信心《ごしんじん》も一《ひと》つなり」と仰《おお》せの候《そうら》ひ《い》ければ、勢観房《せいかんぼう》・念仏房《ねんぶつぼう》

※【相論】意見を述べて論じ合うこと。

なんど申《もう》す御同朋達《おんどうぼうたち》、もってのほかにあらそひ《い》たまひ《い》て、「いかでか聖人《しょうにん》の御信心《ごしんじん》に善信房《ぜんしんぼう》の信心《しんじん》、一《ひと》つにはあるべきぞ」と候《そうら》ひ《い》ければ、「聖人《しょうにん》の御《おん》智慧《ちえ》・才覚《さいかく》ひろくおはし《わ》ますに、一《ひと》つならんと申《もう》さばこそひがごとならめ。往生《おうじょう》の信心《しんじん》においては、まったく異《こと》なることなし、ただ一《ひと》つなり」と御《ご》返答《へんとう》ありけれども、なほ《お》「いかでかその義《ぎ》あらん」といふ《う》疑難《ぎなん》ありければ、詮《せん》ずるところ、聖人《しょうにん》の御《おん》まへ《え》にて自他《じた》の是非《ぜひ》を定《さだ》むべきにて、この子細《しさい》を申《もう》しあげければ、法然聖人《ほうねんしょうにん》の仰《おお》せには、「源空《げんくう》が信心《しんじん》も、如来《にょらい》よりたまはり《わ》たる信心《しんじん》なり。善信房《ぜんしんぼう》の信心《しんじん》も、如来《にょらい》よりたまはら《わ》せたまひ《い》たる信心《しんじん》なり。さればただ一《ひと》つなり。別《べつ》の信心《しんじん》にておはし《わ》ましまさんひとは、源空《げんくう》がまゐ《い》らんずる浄土《じょうど》へは、よも

※【源空】浄土宗の開祖。法然上人の生前の名前。

まゐ《い》らせたまひ《い》候《そうら》はじ」と仰《おお》せ候《そうら》ひ《い》しかば、当《とう》時《じ》の一向専修《いっこうせんじゅ》のひとびとのなかにも、親鸞《しんらん》の御《ご》信心《しんじん》に一《ひと》つならぬ御《おん》ことも候《そうろう》ふらんとおぼえ候《そうろう》ふ。

※【一向専修】念仏以外の余行を顧みないで、ひたすら念仏の行だけを行うこと。

訳

それは、親鸞聖人が、「この親鸞の信心も、法然聖人のご信心も、まったく同じです」と仰せになりましたところ、勢観房や念仏房などの同門の方々が、意外なほど反対されて、「どうして、法然聖人のご信心と善信房のそれが同じであるなどと言えるでしょうか」と言われたので、親鸞聖人が、「法然聖人は智慧や学識が広く、すぐれていらっしゃるから、それについて私が同じであると言うなら、とんでもない間違いでしょう。

しかし、往生についての信心においては、法然聖人も私も、少しも異なることなく、まったく同じです」とご返答なったのですが、それでもなお、「どうして、そんなわけがあろうか」と言って、疑いかつ非難されましたので、結局、法然聖人の前で、どちらの主張が正しいかを決めていただくことになりました。そこで、法然聖人にくわしく事情を申し上げましたところ、法然聖人は、「この源空（法然）の信心も阿弥陀如来よりいただいた信心です。善信房の信心もまた如来よりいただいた信心です。だからまったく同じです。私とは異なった信心の方は、この源空が行かせていただく浄土へは、きっと往生することはありますまい」と仰せになったと言うことです。ですから今でも、ひたすら念仏して浄土に往生を願う人びとのあいだにも、親鸞聖人のご信心と異なる信心の方もおられることでしょう。

いづ《ず》れもいづ《ず》れも繰《く》り言《ごと》にて候《そうら》へ《え》ども、書《か》きつけ候《そうろ》ふ《う》なり。

訳

以上のことはどれもみな、同じことの繰り返しでありますが、ここに書き記した次第です。

露《ろ》命《めい》わづ《ず》かに枯《こ》草《そう》の身《み》にかかりて候《そうろ》ふ《う》ほどにこそ、あひ《い》ともなは《わ》しめたまふ《う》ひとびとと御《ご》不《ふ》審《しん》をもうけたまは《わ》り、聖人《しょうにん》の仰《おお》せの候《そうら》ひ《い》し趣《おもむき》をも申《もう》しきかせまゐ《い》らせ候《そうら》へ《え》ども、閉眼《へいがん》ののちは、さこそしどけなきことどもにて候《そうら》は《わ》んずらめと、嘆《なげ》き存《ぞん》じ候《そうら》ひ《い》て、かくのごとくの義《ぎ》ども、仰《おお》せられあひ《い》候《そうろ》ふ《う》ひとびとにも、いひ《い》まよは《わ》されなんどせらるることの候《そうら》は《わ》んときは、故《こ》聖人《しょうにん》の御《おん》こころにあひ《い》かなひ《い》て御《おん》もちゐ《い》候《そうろ》ふ《う》御《おん》聖教《しょうぎょう》どもを、よくよくご覧《らん》候《そうろ》ふ《う》べし。

※【聖教】仏教の経典や高僧・祖師などの教えを記したもの。転じて正しい道理にかなう教え。

訳

露のようにはかない命が、枯草のように老い衰えた私の身に残っているうちは、同じ念仏の道を歩まれる人々の疑問を伺い、親鸞聖人が仰せになった教えのことも申し上げ、お聞かせいたしますが、私が目を閉じて命を終えたのちは、さぞかし多くの誤った考えが入り乱れることになるのではないかと、今から嘆かわしく思っています。もし、ここに記したような誤った考えを言い争っている人々に言い惑わされそうになりましたら、いまは亡き親鸞聖人が、そのお心に叶って用いられていた聖教をよくよくご覧になるとよいでしょう。

おほよそ聖教《しょうぎょう》には、真実《しんじつ》・権仮《ごんけ》ともにあひ《い》まじはり《わ》候《そうろう》ふなり。

訳

聖教には、真実の教えと方便の教えが混じっています。

権《ごん》をすてて実《じつ》をとり、仮《け》をさしおきて真《しん》をもちゐ《い》るこそ、聖人《しょうにん》の御本意《ごほんい》にて候《そうら》へ《え》。

訳

その中から、方便の教えを捨て、真実の教えを用いることが、親鸞聖人のお心に沿うのです。

かまへてかまへて、聖教《しょうぎょう》をみ、みだらせたまふ《う》まじく候《そうろ》ふ《う》。

訳　このことによくよく注意して、聖教を読み誤ってはなりません。

大切《たいせつ》の証文《しょうもん》ども、少々《しょうしょう》ぬきいでまゐ《い》らせ候《そうろ》ふ《う》て、目《め》やすにして、この書《しょ》に添《そ》へ《え》まゐ《い》らせて候《そうろ》ふ《う》なり。

訳　そこで、大切な証拠となるお言葉を、少しばかり書き抜きして、信心の正邪を判断する目安として、この書に添えさせていただきました。

聖人《しょうにん》のつねの仰《おお》せには、「弥陀《みだ》の五劫思惟《ごこうしゆい》の願《がん》をよくよく案《あん》ずれば、ひとへ《え》に親鸞一人《しんらんいちにん》がためなりけり。さればそれほどの業《ごう》をもちける身《み》にてありけるを、たすけんとおぼしめしたちける本願《ほんがん》のかたじけなさよ」と御述懐《ごじゅっかい》候《そうら》ひ《い》しこと

※【五劫思惟】阿弥陀仏が一切の衆生を救うために、五劫という長い時間をかけて考えぬいて立てた誓願。

を、いままた案《あん》ずるに、善導《ぜんどう》の「自身《じしん》はこれ現《げん》に罪悪生死《ざいあくしょうじ》の凡夫《ぼんぶ》、曠劫《こうごう》よりこのかたつねにしづ《ず》みつねに流転《るてん》して、出離《しゅつり》の縁《えん》あることなき身《み》としれ」といふ金言《きんげん》に、すこしもたがはせお《わ》は《わ》しまさず。

訳

親鸞聖人がつねづね仰せになっていたことですが、「阿弥陀仏が、五劫もの長い間、熱い思いを重ねて立てられた本願を、よくよく考えてみますと、それはひとえに、私、親鸞一人を救ってくださるためでした。私はそれほどに罪深い身であるにもかかわらず、救おうと思い立ってくださった阿弥陀仏の本願の、なんと有難いことか」と、ご述懐になりましたことを、いまあらためて考えてみますと、中国の善導大師の、「自分はいま、罪悪を犯し、生死の苦しみに迷う凡夫で、果てしない過去の世からいまにいたるまで、いつも迷いの世界に身を沈め、つねに生まれ変わり死に変わりし続けて、迷いから抜け出す縁などない身であると思い知れ」と言う、尊いお言葉と、いささかも違っておりません。

されぱかたじけなく、わが御身《おんみ》にひきかけて、われらが身《み》の罪悪《ざいあく》のふかきほどをもしらず、如来《にょらい》の御恩《ごおん》のたかきことをもしらずして迷《まよ》へ《え》るを、おもひ《い》しらせんがためにて候《そうら》ひ《い》けり。

訳

そうしてみると、親鸞聖人の先のお言葉は、もったいなくも、聖人がご自身のこととしてお話になったのは、じつは私たちが、自分の罪悪がどれほど深いかを知らず、また、阿弥陀如来の御恩がどれほど高いかも知らないで、迷っているのをご覧になって、気づかせるためであったのです。

まことに如来《にょらい》の御恩《ごおん》といふ《う》ことをば沙汰《さた》なくして、われもひとも、よしあしといふ《う》ことをのみ申《もう》しあへ《え》り。

訳

実のところ、私たちも、他の人も、如来の御恩のありがたさに気づかないで、いつも自分勝手な考えで、善いとか悪いとか言うことばかりを言い争っています。

聖人《しょうにん》の仰《おお》せには、「善悪《ぜんあく》のふたつ、総《そう》じてもって存知《ぞんじ》せざるなり。そのゆゑ《え》は、如来《にょらい》の御《おん》こころに善《よ》しとおぼしめすほどにしりとほ《お》したらばこそ、善《よ》きをしりたるにてもあらめ、如来《にょらい》の悪《あ》しとおぼしめすほどにしりとほ《お》したらばこそ、悪《あ》しさをしりたるにてもあらめど、煩悩具足《ぼんのうぐそく》の凡夫《ぼんぶ》、火宅無常《かたくむじょう》の世界《せかい》は、よろづ《ず》のこと、みなもってそらごとたは《わ》ごと、まことあることなきに、ただ念仏《ねんぶつ》のみぞまことにておは《わ》します」とこそ仰《おお》せは候《そうら》ひ《い》しか。

訳

これについて、親鸞聖人は、「私には、何が善で、何が悪なのか、まったくわかりません。なぜなら、如来がそのお心で善いとお思いになるほどによくよくわかったのであれば、善いということがわかったと言えましょう。また、如来がそのお心で悪いとお思いになるほどによくよくわかったのであれば、悪いということがわっかたと言えるでしょう。しかし、私たちのように、あらゆる煩悩を身に備えている凡夫には、燃え盛る家のようにたちまち変転するこの世において、あらゆることはむなしくいつわりであり、真実と言えるものは何一つありません。そうしたなかにあって、ただ念仏だけが真実と言えるのです」と仰せになりました。

※【火宅無常の世界】苦悩の種に満ち、一切が留まることなく移り変わってしまう世の中。

まことに、われもひともそらごとをのみ申《もう》しあひ《い》候《そうろう》ふなかに、ひとついたましきことの候《そうろう》ふなり。

訳

実際、私も、他の人も、お互いに偽りばかりを申しておりますが、その中でも、とりわけ心が痛むことが一つあります。

そのゆゑ《え》は、念仏《ねんぶつ》申《もう》すについて、信心《しんじん》の趣《おもむき》をもたがひ《い》に問答《もんどう》し、ひとにもいひ《い》きかするとき、ひとの口《くち》をふさぎ、相論《そうろん》をたたんがために、まったく仰《おお》せにてなきことをも仰《おお》せとのみ申《もう》すこと、あさましく歎《なげ》き存《ぞん》じ候《そうろう》ふなり。

訳

それは、念仏することについて、お互いに信心の在り方を問答したり、他人にもそれを言って聞かせるときに、相手にものをいわせず、論争をやめさせるために、親鸞聖人がまったく仰せになっていないことまで、聖人で仰せであるかのように言う人がいることです。本当に情けなく、嘆かわしく思います。

このむねをよくよくおもひ《い》とき、こころえらるべきことに候《そうろう》ふ。

訳

以上、私が申しました趣旨をよくよくお考えになって、心得ていただきたいと思います。

これさらにわたくしのことばにあらずといへ《え》ども、経釈《きょうしゃく》の往《ゆ》く路《じ》もしらず、法文《ほうもん》の浅深《せんじん》をこころえわけたることも候《そうら》は《わ》ねば、さだめてを《お》かしきことにてこそ候《そうら》は《わ》めども、古親鸞《こしんらん》の仰《おお》せごと候《そうら》ひ《い》し趣《おもむき》、百分《ひゃくぶん》が一《ひと》つ、かたはしばかりをもおもひ《い》でまゐ《い》らせて、書《か》きつけ候《そうろう》ふなり。

訳

これらは、決して私一人の勝手な言葉ではありませんが、経典やその注釈に示された道理も知らず、仏の教えの深い意味を十分に心得ているわけではありませんので、きっとおかしなことだと思われるところもあるかもしれませんが、今は亡き親鸞聖人が言われたご趣旨の百分の一ほど、ほんの一端だけを思い出して、ここに書き記した次第です。

かなしきかなや、さいはひ《わい》に念仏《ねんぶつ》しながら、直《じき》に報土《ほうど》に生《う》まれずして、辺地《へんじ》に宿《やど》をとらんこと。

訳
幸いにも念仏する身となりながら、ただちに真実の浄土に往生することができないで、辺地という方便の浄土にとどまることがあれば、それはまことに悲しいことです。

一室《いっしつ》の行者《ぎょうじゃ》のなかに、信心《しんじん》異《こと》なることなからんために、なくなく筆《ふで》を染《そ》めてこれをしるす。

訳
そのようなことがないように、同じ念仏の行者のなかで、信心が異なることがなく、正しい信心を抱いてくださるように、涙しつつ筆をとり、これを書きました。

なづけて「歎異抄《たんにしょう》」といふ《う》べし。外見あるべからず。

訳
これを『歎異抄』と名付けます。念仏者以外の人には、見せないでください。

※【報土】
真実の浄土。

※【辺地】
浄土のほとり。方便の浄土。

※【一室の行者】
親鸞の教えを聞くために同室に集まった念仏者。

ワンポイントアドバイス

親鸞と法然聖人の信心は、阿弥陀仏から同じようにいただいたものである

後序とは、「あとがき」にあたります。親鸞はあるとき、同門の人たちに「私の信心も、法然聖人の信心も同じである」と言ったところ、同門の人たちが「先生である法然聖人と弟子の親鸞の信心が、同じはずはない」と反論しました。

そこで親鸞は「浄土に往生させていただく信心に関しては、少しも異なることはありません」と応じました。信心は自分の力の優劣などによって差が出るものだと思いがちですが、それは自力の信心です。そうではなく、心の底から阿弥陀仏におまかせして念仏を唱えることで信心は得られるので、自分のはからいではなく、他力によるものだと、ここでは改めて説いているのです。

この世でも、つい肩書や年収などの優劣で権力や影響力に違いがあると思いがちです。でも、そこで得た地位は一生安泰でしょうか。この世は始まりがあれば、終りがあり、栄えたものもいつかは滅びます。そこでの上下関係や優劣は、信心に差が出ることはない、と説くことで安心して他力本願できるのです。

自分一人のためだけに、と思えたとき、深い共感が得られるものである

後序には、もう一つ大切な教えが書かれています。親鸞は、「罪深い身である自分を阿弥陀様は救うと思い立ってくださった。なんと有難いことであろうか」と記して

います。『歎異抄』では、すべての生きとし生ける者を救ってくださる、という教えからすると、自分一人のために阿弥陀仏が本願を起こされた、と言っています。

これは、一般論としてではなく、あくまでも自分のこととして、信心について考えるように、親鸞が促したのだと考えられます。自分のために、と考えることで、阿弥陀仏の慈悲深い働きが、心に沁み入ってきます。

阿弥陀仏と一対一で向き合うことで、『歎異抄』で書かれた一つひとつの言葉が、自分へのありがたい言葉として響いてきます。それが心から本願を信じることにつながっていくのです。

みんなの平和や幸せを願う気持ちは素晴らしいことですが、注意したいのは、自分の他人への影響力です。その気持ちが強くなると、「自分が他人を幸せにしてやった」と奢る気持ちにつながります。そうではなく、親鸞は「自分一人のために本願を信じること」の大切さを説きます。純粋に信心できる有難さを感じます。

なぞる

書いて心に刻みましょう!

右条々は、みなもつて信心の異なるよりことお

右条々は、みなもつて信心の異なるよりことお

こり候ふか。故聖人の御物語に、法然聖人の御時、

こり候ふか。故聖人の御物語に、法然聖人の御時、

御弟子そのかずおはしけるなかに、おなじく御信

御弟子そのかずおはしけるなかに、おなじく御信

心のひともすくなくおはしけるにこそ、親鸞、御
心のひともすくなくおはしけるにこそ、親鸞、御
同朋の御中にして御相論のこと候ひけり。そのゆ
同朋の御中にして御相論のこと候ひけり。そのゆ
ゑは、「善信が信心も、聖人の御信心も一つなり」
ゑは、「善信が信心も、聖人の御信心も一つなり」
と仰せの候ひければ、勢観房・念仏房なんど申す
と仰せの候ひければ、勢観房・念仏房なんど申す

御同朋達、もつてのほかにあらそひたまひて、「い
御同朋達、もつてのほかにあらそひたまひて、「い

かでか聖人の御信心に善信房の信心、一つにはあ
かでか聖人の御信心に善信房の信心、一つにはあ

るべきぞ」と候ひければ、「聖人の御智慧・才覚ひ
るべきぞ」と候ひければ、「聖人の御智慧・才覚ひ

ろくおはしますに、一つならんと申さばこそひが
ろくおはしますに、一つならんと申さばこそひが

ごとならめ。往生の信心においては、まつたく異
なることなし、ただ一つなり」と御返答ありけれ
ども、なほ「いかでかその義あらん」といふ疑難
ありければ、詮ずるところ、聖人の御まへにて自

ごとならめ。往生の信心においては、まつたく異
なることなし、ただ一つなり」と御返答ありけれ
ども、なほ「いかでかその義あらん」といふ疑難
ありければ、詮ずるところ、聖人の御まへにて自

他の是非を定むべきにて、この子細を申しあげければ、法然聖人の仰せには、「源空が信心も、如来よりたまはりたる信心なり。善信房の信心も、如来よりたまはらせたまひたる信心なり。さればた

他の是非を定むべきにて、この子細を申しあげければ、法然聖人の仰せには、「源空が信心も、如来よりたまはりたる信心なり。善信房の信心も、如来よりたまはらせたまひたる信心なり。さればた

だ一つなり。別の信心にておはしまさんひとは、
だ一つなり。別の信心にておはしまさんひとは、

源空がまゐらんずる浄土へは、よもまゐらせたま
源空がまゐらんずる浄土へは、よもまゐらせたま

ひ候はじ」と仰せ候ひしかば、当時の一向専修の
ひ候はじ」と仰せ候ひしかば、当時の一向専修の

ひとびとのなかにも、親鸞の御信心に一つならぬ
ひとびとのなかにも、親鸞の御信心に一つならぬ

御こともいふらんとおぼえ候ふ。いづれもいづれ

御こともいふらんとおぼえ候ふ。いづれもいづれ

も繰り言にて候へども、書きつけ候ふなり。露命

も繰り言にて候へども、書きつけ候ふなり。露命

わづかに枯草の身にかかりて候ふほどにこそ、あ

わづかに枯草の身にかかりて候ふほどにこそ、あ

ひともなはしめたまふひとびと御不審をもうけた

ひともなはしめたまふひとびと御不審をもうけた

まはり、聖人の仰せの候ひし趣をも申しきかせま
まはり、聖人の仰せの候ひし趣をも申しきかせま

ゐらせ候へども、閉眼ののちは、さこそしどけな
ゐらせ候へども、閉眼ののちは、さこそしどけな

きことどもにて候はんずらめと、歎き存じ候ひて、
きことどもにて候はんずらめと、歎き存じ候ひて、

かくのごとくの義ども、仰せられあひ候ふひとび
かくのごとくの義ども、仰せられあひ候ふひとび

とにも、いひまよはされなんどせらるることの候

とにも、いひまよはされなんどせらるることの候

はんときは、故聖人の御こころにあひかなひて御

はんときは、故聖人の御こころにあひかなひて御

もちゐ候ふ御聖教どもを、よくよくご覧候ふべし。

もちゐ候ふ御聖教どもを、よくよくご覧候ふべし。

おほよそ聖教には、真実・権仮ともにあひまじは

おほよそ聖教には、真実・権仮ともにあひまじは

り候ふなり。権をすてて実をとり、仮をさしおき
り候ふなり。権をすてて実をとり、仮をさしおき

て真をもちゐるこそ、聖人の御本意にて候へ。か
て真をもちゐるこそ、聖人の御本意にて候へ。か

まへてかまへて、聖教をみ、みだらせたまふまじ
まへてかまへて、聖教をみ、みだらせたまふまじ

く候ふ。大切の証文ども、少々ぬきいでまゐらせ
く候ふ。大切の証文ども、少々ぬきいでまゐらせ

候うて、目やすにして、この書に添へまゐらせて
候うて、目やすにして、この書に添へまゐらせて

候ふなり。聖人のつねの仰せには、「弥陀の五劫
候ふなり。聖人のつねの仰せには、「弥陀の五劫

思惟の願をよくよく案ずれば、ひとへに親鸞一人
思惟の願をよくよく案ずれば、ひとへに親鸞一人

がためなりけり。さればそれほどの業をもちける
がためなりけり。さればそれほどの業をもちける

身にてありけるを、たすけんとおぼしめしたちけ
身にてありけるを、たすけんとおぼしめしたちけ
る本願のかたじけなさよ」と御述懐候ひしことを、
る本願のかたじけなさよ」と御述懐候ひしことを、
いままた案ずるに、善導の「自身はこれ現に罪悪
いままた案ずるに、善導の「自身はこれ現に罪悪
生死の凡夫、曠劫よりこのかたつねにしづみつね
生死の凡夫、曠劫よりこのかたつねにしづみつね

に流転して、出離の縁あることなき身としれ」と

に流転して、出離の縁あることなき身としれ」と

いふ金言に、すこしもたがはせおはしまさず。さ

いふ金言に、すこしもたがはせおはしまさず。さ

ればかたじけなく、わが御身にひきかけて、われ

ればかたじけなく、わが御身にひきかけて、われ

らが身の罪悪のふかきほどをもしらず、如来の御

らが身の罪悪のふかきほどをもしらず、如来の御

恩のたかきことをもしらずして迷へるを、おもひ

恩のたかきことをもしらずして迷へるを、おもひ

しらせんがためにて候ひけり。まことに如来の御

しらせんがためにて候ひけり。まことに如来の御

恩といふことをば沙汰なくして、われもひとも、

恩といふことをば沙汰なくして、われもひとも、

よしあしといふことをのみ申しあへり。聖人の仰

よしあしといふことをのみ申しあへり。聖人の仰

せには、「善悪のふたつ、総じてもつて存知せざ
せには、「善悪のふたつ、総じてもつて存知せざ
るなり。そのゆゑは、如来の御こころに善しとお
るなり。そのゆゑは、如来の御こころに善しとお
ぼしめすほどにしりとほしたらばこそ、善きをし
ぼしめすほどにしりとほしたらばこそ、善きをし
りたるにてもあらめ、如来の悪しとおぼしめすほ
りたるにてもあらめ、如来の悪しとおぼしめすほ

どにしりとほしたらばこそ、悪しさをしりたるに

どにしりとほしたらばこそ、悪しさをしりたるに

てもあらめど、煩悩具足の凡夫、火宅無常の世界

てもあらめど、煩悩具足の凡夫、火宅無常の世界

は、よろづのこと、みなもってそらごとたはごと、

は、よろづのこと、みなもってそらごとたはごと、

まことにあることなきに、ただ念仏のみぞまこと

まことにあることなきに、ただ念仏のみぞまこと

にておはします」とこそ仰せは候ひしか。まこと
にておはします」とこそ仰せは候ひしか。まこと

に、われもひともそらごとをのみ申しあひ候ふな
に、われもひともそらごとをのみ申しあひ候ふな

かに、ひとつのいたましきことの候ふなり。そのゆ
かに、ひとつのいたましきことの候ふなり。そのゆ

ゑは、念仏申すについて、信心の趣をもたがひに
ゑは、念仏申すについて、信心の趣をもたがひに

問答し、ひとにもいひきかするとき、ひとの口を
問答し、ひとにもいひきかするとき、ひとの口を
ふさぎ、相論をたたんがために、まつたく仰せに
ふさぎ、相論をたたんがために、まつたく仰せに
てなきことをも仰せとのみ申すこと、あさましく
てなきことをも仰せとのみ申すこと、あさましく
歎き存じ候ふなり。このむねをよくよくおもひと
歎き存じ候ふなり。このむねをよくよくおもひと

き、こころえらるべきことに候ふ。これさらにわ
き、こころえらるべきことに候ふ。これさらにわ

たくしのことばにあらずといへども、経釈の往く
たくしのことばにあらずといへども、経釈の往く

路もしらず、法文の浅深をこころえわけたること
路もしらず、法文の浅深をこころえわけたること

も候はねば、さだめてをかしきことにてこそ候は
も候はねば、さだめてをかしきことにてこそ候は

めども、古親鸞の仰せごと候ひし趣、百分が一つ、

めども、古親鸞の仰せごと候ひし趣、百分が一つ、

かたはしばかりをもおもひでまゐらせて、書きつ

かたはしばかりをもおもひでまゐらせて、書きつ

け候ふなり。かなしきかなや、さいはひに念仏し

け候ふなり。かなしきかなや、さいはひに念仏し

ながら、直に報土に生まれずして、辺地に宿をと

ながら、直に報土に生まれずして、辺地に宿をと

らんこと。一室の行者のなかに、信心異なること
らんこと。一室の行者のなかに、信心異なること
なからんために、なくなく筆を染めてこれをしる
なからんために、なくなく筆を染めてこれをしる
す。なづけて「歎異抄」といふべし。外見あるべ
す。なづけて「歎異抄」といふべし。外見あるべ
からず。
からず。

［参考］流罪記録

後鳥羽院《ごとばのいん》の御宇《ぎょう》、法然聖人《ほうねんしょうにん》、他力本願念仏宗《たりきほんがんねんぶつしゅう》を興行《こうぎょう》す。時《とき》に、興福寺《こうぶくじ》の僧侶《そうりょ》、敵奏《てきそう》の上《うえ》、御弟子《おんでし》のなか、狼藉子細《ろうぜきしさい》あるよし、無実《むじつ》の風聞《ふうぶん》によりて罪科《ざいか》に処《しょ》せらるる人数《にんじゅ》の事《こと》。

一　法然聖人《ほうねんしょうにん》ならびに御弟子七人《おんでししちにん》、流罪《るざい》。また御弟子四人《おんでししにん》、死罪《しざい》におこなはるるなり。聖人《しょうにん》は土佐国《とさのくに》　幡多《はた》という所《ところ》へ流罪《るざい》、罪名藤井元彦男《ざいみょうふじいのもとひこおとこ》云々《うんぬん》、生年七十六歳《しょうねんしちじゅうろくさい》なり。

親鸞《しんらん》は越後国《えちごのくに》、罪名《ざいみょう》、藤井善信《ふじいのよしざね》云々《うんぬん》、生年三十五歳《しょうねんさんじゅうごさい》なり。

浄聞房《じょうもんぼう》　備後国《びんごのくに》　澄西禅光房《ちょうさいぜんこうぼう》　伯耆国《ほうきのくに》　好覚房《こうかくぼう》　伊豆国《いずのくに》　行空《ぎょうくう》法本房《ほうほんぼう》　佐渡国《さどのくに》

幸西成覚房《こうさいじょうかくぼう》・善恵房《ぜんえぼう》二人《ににん》、同《おな》じく遠流《おんる》に定《さだ》まる。しかるに無動寺《むどうじ》の善題大僧正《ぜんだいだいそうじょう》、これを申《もう》しあづかると云々《うんぬん》。遠流《おんる》の人々《ひとびと》、以上八人《いじょうはちにん》なりと云々《うんぬん》。

※【後鳥羽院】
後鳥羽上皇。鎌倉初期に第82代天皇として即位。

※【興福寺】
奈良県奈良市登大路町にある寺院。法相宗の大本山で、南都七大寺の一つ。藤原氏の氏寺で、古代から中世にかけて強大な勢力を誇った。

死罪《しざい》に行《おこな》はるる人々《ひとびと》

一番《いちばん》　西意善綽房《さいいぜんしゃくぼう》

二番《にばん》　性願房《しょうがんぼう》

三番《さんばん》　住蓮房《じゅうれんぼう》

四番《しばん》　安楽房《あんらくぼう》

二位法印尊長《にいのほういんそんちょう》の沙汰《さた》なり。

親鸞《しんらん》、僧儀《そうぎ》を改《あらた》めて俗名《ぞくみょう》を賜《たま》ふ。よつて僧《そう》にあらず俗《ぞく》にあらず、しかるあひだ、禿《とく》の字《じ》をもつて姓《しょう》となして、奏聞《そうもん》を経《へ》られをはんぬ。かの御申《おんもう》し状《じょう》、いまに外記庁《げきのちょう》に納《おさ》まると云々《うんぬん》。流罪《るざい》以後《いご》、愚禿親鸞《ぐとくしんらん》と書《か》かしめたまふなり。

※【禿】　僧侶の謙称として、最澄が自称に「禿」の文字を用いた例がある。

※【奏聞】　天皇または上皇に申し上げること。

※【外記庁】　詔勅の修正や上奏文の起草などを行う役所。

ワンポイントアドバイス

旧仏教の訴えによって流罪となった親鸞は、それを機に新たなアイデンティティを確立した

「後序」の後に付された「流罪記録」は、後鳥羽上皇によって法然とその弟子のうち七人が流罪、四人が死罪とされた「承元の法難」にまつわる記録です。親鸞の教えそのものではありませんので、参考資料として原文と注釈のみ掲載しました。

法然の浄土宗は、「念仏をすれば極楽浄土に往生できる」という、それまでの仏教とは異なる教えを広めていました。これに対し、旧仏教側の奈良の興福寺の僧たちが、「法然は仏の道に背くものだ」と朝廷に訴えました。背景には、法然の教えが広まれば、これまでの仏教はいらなくなってしまうのではないかという、旧仏教側の恐れがあったと考えられます。また折しも、法然の弟子が後鳥羽上皇に仕える女官と何かあったのではないか、という風聞もありました。

親鸞は流罪生活四年の後、京都に戻るまでの二十年間、関東地方で布教して暮らしました。僧籍を取り上げられたことで、親鸞は「僧ではないが、俗人でもない」身として、自分の名を「愚禿親鸞」（ただの愚かな親鸞）と書くようになりました。

これは、流罪というういわば逆境の運命を逆手に取り、「僧にあらず俗にあらず」というスタンスから「愚かな一人の人間」という新たな自らの立ち位置、アイデンティティを確立したものといえます。この発想の転換と行動力、どんなことにもめげない心には、大きな感銘を受けます。

主な参考文献

『歎異抄（文庫判）』（梯 實圓 解説　本願寺出版社）

『大きな字の歎異抄』（梯 實圓 解説　本願寺出版社）

『声に出して読みたい日本語　音読テキスト（3）　歎異抄』（齋藤 孝 編著　草思社）

『図解　歎異抄』（齋藤 孝 著　ウエッジ）

『新版　歎異抄　現代語訳付き　歎異抄』（千葉 乗隆 訳注　KADOKAWA）

齋藤 孝（さいとう・たかし）

1960年、静岡市生まれ。東京大学法学部卒。同大学院教育学研究科博士課程を経て、現在明治大学文学部教授。専門は、教育学、身体論、コミュニケーション論。『身体感覚を取り戻す』（NHK出版）で新潮学芸賞受賞。2001年に出した『声に出して読みたい日本語』（草思社）で毎日出版文化賞特別賞受賞。シリーズ260万部のベストセラーになり、日本語ブームをつくった。他にも、ベストセラー著書が多数あり、著書累計出版部数は1000万部を超える。

スタッフ

デザイン／やなぎさわけんいち

編集協力／堤 澄江（株式会社 FIX JAPAN）

伊藤 仁（Jin Publishing Inc.）

カバー装画　ｒ２（下川 恵・片山 明子）

読《よ》んで書《か》く 歎異抄《たんにしょう》 一日一文練習帖《いちにちいちぶんれんしゅうちょう》［後編《こうへん》］

2024（令和6）年6月10日　初版第1刷発行

著　者　齋藤 孝

発行人　石井 悟

発行所　株式会社自由国民社

〒171-0033　東京都豊島区高田3-10-11　電話 03-6233-0781（代表）　https://www.jiyu.co.jp/

造　本　JK

印刷所　大日本印刷株式会社

製本所　加藤製本株式会社